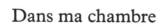

Dans ma chambre

Guillaume Dustan

Dans ma chambre

Roman

P.O.L
33, rue Saint-André-des-Arts, Paris 6ᵉ

© P.O.L éditeur, 2019
ISBN : 978-2-8180-4678-4
www.pol-editeur.com

À Philippe et Philippe

Première partie

1. De bonnes intentions

J'ai laissé la chambre à Quentin. Je me suis installé dans la petite pièce au fond de l'appart pour ne pas les entendre baiser. Au bout de quelques jours, une semaine peut-être, j'ai fini par trouver ça trop glauque. J'ai exigé de récupérer la chambre. Bien entendu Quentin a immédiatement décidé de s'installer dans le salon avec Nico, ce qui faisait que j'étais obligé de taper contre le mur pour les faire parler moins fort au milieu de la nuit quand j'allais bosser le lendemain. Comme ça je pouvais en prime entendre Quentin dire qu'il allait venir me casser la gueule et Nico lui répondre Chéri calme-toi.

Je vivais au jour le jour, sans savoir où j'allais. Ce n'était pas déplaisant. Je m'emmerde toujours tellement quand il ne se passe rien. C'était sans doute pour ça que j'étais toujours avec Quentin même si on n'était plus ensemble. Sa dernière trouvaille consistait à entrer dans ma chambre sans prévenir. La première fois j'étais allongé sur le lit en train de me branler en fumant un pétard. La porte s'est ouverte. Il s'est avancé dans la chambre. Il a dit Tu n'aurais pas trouvé l'agenda de ma mère par hasard ? Elle pense qu'elle l'a oublié ici. Je n'ai pas répondu à la question. J'ai dit Tu frappes avant d'entrer s'il te plaît. Il a dit J'ai frappé. J'ai dit Je n'ai rien entendu. Il a recommencé à me demander son truc à la con. J'ai dit Quentin barre-toi tout de suite. Il a eu l'air étonné. Et puis il est sorti. J'ai mis dix minutes à arriver à me rebrander correctement.

La deuxième fois il a frappé. Au moment où j'ai gueulé Non ! il est entré dans la chambre. Là j'étais carrément en train de me faire sauter sur le bord du lit. J'ai dit Tire-toi. Au lieu de se casser il m'a regardé d'un air particulièrement hagard. J'étais fou de rage. J'ai dit à l'autre T'arrête pas, il va se casser, il fait juste ça pour me faire chier. Je me suis concentré sur la baise. Quentin nous a regardés faire. Au bout d'un moment il est parti sans rien dire.

Après ça j'ai décidé de ne plus me laisser faire. Je me suis mis à gueuler systématiquement à chaque fois qu'il me faisait un mauvais plan. Je gueulais pour les conserves pas remplacées, pour la salle de bains dégueulasse, pour les messages pas transmis. Je l'insultais. Quentin ne disait rien. Je savourais ma vengeance. Ça me plaisait de pouvoir lui gueuler dessus impunément. Alessandro, un super copain à moi, habitait sur place dans la petite chambre, comme ça je me sentais tranquille. Je pensais qu'en présence d'un tiers Quentin n'oserait pas faire une grosse connerie, il aimait trop son confort pour aller en prison. Et puis un jour, j'étais en forme, je me suis mis à lui parler comme avant, j'ai raconté ce que j'avais fait la veille avec un mec hyper mignon. À la fin il m'a regardé. Il a dit Tu l'aimes ta belle petite gueule ? Eh ben t'en seras moins fier quand je l'aurai vitriolée.

Ça m'a refroidi. J'ai demandé à Alessandro s'il était d'accord pour partager un appart avec moi. Je ne voulais pas être seul. Il a dit Ok. Dès que je lui ai dit que j'allais partir, Quentin a recommencé à me menacer. J'ai demandé à Alessandro de voir sa copine à la maison. Et puis ça devenait tellement invivable que j'ai fini par aller m'installer chez Terrier, dans son studio pourri du dix-huitième.

Avec Terrier on baisait de mieux en mieux. J'avais l'impression de lui faire du bien. J'étais la première personne à qui il avait dit qu'il était séropo. Il faut dire qu'il avait appris ça la première fois qu'il avait fait un test, à vingt ans. Sept ans plus tôt, donc. Depuis qu'il me l'avait avoué il ne faisait plus ses cauchemars où on lui clouait son cercueil sur la tête et où il poussait sur la planche de toutes ses forces mais ça ne s'ouvrait pas et là il se réveillait. Je l'avais aussi un peu relooké. Obligé à couper la mèche qui lui cachait le visage et aussi les ongles qu'il portait longs. Il était beaucoup plus beau. Peut-être un peu moins timide.

Je ne voulais pas changer de quartier. J'ai trouvé un autre appart à trois cents mètres. Ça tombait bien. J'étais un peu emmerdé à l'idée que j'allais croiser Quentin, mais c'était un coin où on n'allait pas tellement, et puis nous n'avions pas les mêmes horaires. Je lui ai laissé tout l'électro-ménager et les trois meubles qu'on avait achetés ensemble. De toute façon j'avais du fric. J'ai tout racheté chez Darty un matin à l'ouverture avec Terrier. Une nouvelle vie commençait.

2. Rencontre

Avec Terrier c'était l'enfer. Il se bourrait la gueule. Il me faisait des scènes dans les bars dès que je regardais quelqu'un. Je me suis rendu compte qu'il ne pourrait pas changer assez vite. Je lui ai dit que je ne le verrais plus qu'en semaine, que j'avais besoin d'avoir mes week-ends pour moi. Je suis sorti seul. Le premier soir je me suis fait un mec sans grand intérêt. Le deuxième soir, je suis allé au Keller, je me suis d'abord fait un peu enculer par deux mecs dans la backroom, après je suis retourné boire une bière au bar, j'ai repris mes esprits, j'étais un peu parano à cause de mon look, j'avais peur que mes tiags marron clair fassent trop ringard avec mon 501 en cuir noir. Heureusement le haut ça allait : torse nu, gilet en cuir noir.

J'ai vu juste en face de moi ce mec accoudé dos au bar. C'est sa gueule qui m'a retenu, je trouvais qu'il avait l'air hyper normal, pas du tout une tête de mec qui se la joue cuir hard vicelard. En plus il était mignon et bien foutu, petit, nettement plus vieux que moi. Il me regardait d'un air neutre. C'est là que je suis tombé sur Serge, avec qui j'avais baisé six ans plus tôt alors que je venais de rencontrer Quentin (et chez Quentin d'ailleurs qui était en vacances à ce moment-là). Je lui ai demandé Et ça tu connais ? Il m'a dit Pour une nuit c'est très bien. Et il est *très* bien monté. Ça m'a énervé, j'ai pensé que maintenant qu'il m'avait vu parler avec Serge, le mec savait que je savais qu'il en avait une grosse. Ça allait être plus difficile pour le draguer.

Je suis allé m'installer au bar à côté de lui sans le regarder. J'ai attendu un moment pour ne pas être trop lourd. En fait il était avec un autre mec, un grand blond tout en cuir assez mignon qui rigolait tout le temps. Au bout d'un moment ils n'ont plus parlé. Mon voisin a regardé en face de lui, puis un peu vers sa droite. J'en ai profité pour dire Salut. Et puis je n'ai rien dit d'autre pour faire genre hard. Il a dit Salut. J'ai dit Moi c'est Guillaume. Il a dit Moi c'est Stéphane. J'ai dit Le mec avec toi c'est ton mec? Il a dit Non c'est un copain. J'ai dit C'est un bon coup? Il a dit Oui pourquoi tu veux que je te le présente? J'ai dit Ben ouais. Il a dit Éric je te présente Guillaume. J'ai dit je ne sais plus quoi pour alimenter la conversation. Et puis un gros moche en cuir s'est approché de notre groupe et ce qui était cool c'est qu'il s'est mis à me brancher pour me prendre en photo. J'ai donné mon tel, j'ai dit que j'étais toujours d'accord pour un plan narcissique, et puis j'ai été assez négatif sur le thème de l'art, j'ai dit que l'art, je m'en foutais. Le gros con mondain m'a demandé Et qu'est-ce qui t'intéresse alors? Ce qui m'intéresse c'est la baise du siècle j'ai dit, en regardant Stéphane. Ça a marché. J'ai encore un peu ramé mais j'ai fini par le ramener à la maison.

Serge avait raison en un sens. La première fois a été bien, dans un genre un peu chien fou. J'ai bien aimé ce que je voyais dans le miroir pendant qu'il me baisait de face. Je trouvais qu'on allait bien ensemble. Sa super grosse bite m'a fait un peu mal, mais j'ai senti des potentialités. J'ai décidé de le garder. Au lieu de le laisser se casser je lui ai demandé s'il avait faim. Le frigo était plein comme j'avais fait les courses dans la journée. On a mangé dans la cuisine.

Je lui ai dit que je le trouvais hyper mignon. Il s'est raidi, mais pas comme s'il était habitué à ce genre de compliments, plutôt comme s'il pensait que je me foutais de sa gueule. Je lui ai dit Ce n'est pas parce que tu as un œil plus petit que l'autre, qu'il y en a un qui est vert et l'autre bleu, et que tu as une paupière plus haute que l'autre que ça va m'empêcher de te trouver hyper mignon si je te trouve hyper mignon. Ça l'a surpris. Il s'est radouci. Je me suis dit qu'il me plaisait. Je lui ai laissé mon numéro de téléphone. J'ai attendu qu'il me rappelle.

3. Campagne

Ça n'a pas tardé. On a parlé. Au bout d'un moment j'ai dit Tu sais ça m'a fait chier que tu me voies parler de toi avec Serge l'autre soir parce que j'ai pensé que tu saurais que je savais pour ta grosse bite et que je pensais que tu devais trouver ça lourd de te faire brancher pour ça. Il a dit que c'était vrai, que les mecs ne s'intéressaient à lui que pour sa bite.

Du coup j'ai proposé qu'on se revoie pour déjeuner plutôt que pour baiser. Il est arrivé un peu en retard, tout ému, plutôt mal habillé. J'avais choisi un endroit chic pour l'impressionner. Le déjeuner s'est bien passé. Je ne m'emmerdais pas. On s'est donné rendez-vous pour rebaiser chez moi puisque chez lui il y avait son mec. La fois suivante, j'ai branlé nos queues ensemble, bien dures, la mienne 17 × 15, la sienne 22 × 16, il fallait que je m'empêche d'être hypnotisé par elle, je voulais que ça soit seulement deux bites, pas de différence, que chacun des deux aime autant celle de l'autre que la sienne, pas plus pas moins. J'en ai aussi appris un morceau sur sa vie, son couple à vau-l'eau avec Jean-Marc. Ils sont ensemble depuis dix ans, mais de moins en moins depuis cinq ans, ils n'ont quasiment plus couché ensemble depuis deux ans, l'autre est chez son amant en ce moment même. Stéphane me dit Il m'a dit qu'il est amoureux de lui.

On se revoit une troisième fois, une quatrième fois, une cinquième fois. Chaque fois il me baise. Mais on parle aussi. On va se promener. On commence à se connaître. Je lui demande de me parler de sa vie avec Jean-Marc, il me raconte comme je m'y attendais qu'il passe son temps à faire les courses, la cuisine, la vaisselle, et à attendre que l'autre le baise. Je lui dis qu'il ne devrait pas se laisser traiter comme ça.

On commence à se voir régulièrement. Un soir par week-end, plus un soir en semaine. Stéphane me dit qu'il n'a pas l'impression de trahir Jean-Marc puisque Jean-Marc est occupé de son côté. Mais moi ça m'énerve. J'exige trois soirs par semaine. On finit par se voir tous les week-ends, sauf quand il y a un dîner chez eux. Le deuxième truc qui commence à me crisper c'est que je n'ai pas le droit de le baiser à cause du pacte qu'ils ont avec Jean-Marc. Chacun des deux a le droit d'enculer qui il veut, mais pas de se faire baiser. Je fais remarquer à Stéphane que d'après ce qu'il a dit, ça n'est pas si juste que ça en a l'air puisque de toute façon Jean-Marc n'aime pas se faire baiser. Je dis que ça ne va pas pouvoir continuer longtemps comme ça.

Il demande la permission à Jean-Marc. Jean-Marc ne la donne pas, mais il dit qu'il sait bien qu'on s'en passera. J'investis. J'emmène Stéphane en week-end à la campagne, dans un

château-hôtel assez moche, plein de conféren-
ciers. Stéphane est un peu coincé, il prétend
qu'il n'a pas l'habitude. Je me dis que c'est un
petit complexe de classe qui passera.

Il y a du soleil dans la suite. On prend des bains
à remous, j'ai apporté des sachets d'algues que
j'avais gardés de ma thalasso. Champagne et
joint au réveil. Je frotte mon gland doucement
contre son trou. Je l'encule plus tard, après la
piscine, ou une promenade dans la campagne,
je ne sais plus. Je colle mes cuisses, debout au
bord du lit. Je suis un peu mou à cause de son
cul hyper serré, je déteste ça, mais bon c'est un
début. Je suis très précautionneux pour ne pas
qu'il ait mal. C'est là qu'il jouit sans se toucher.
Il me dit que c'est la troisième fois de sa vie.
Je me demande combien de fois ça m'est déjà
arrivé à moi, c'est vrai que ça n'est pas un truc
courant.

On rentre le dimanche soir. Stéphane me
ramène chez moi avant de rentrer chez eux. Il
est huit heures, c'est un peu juste pour le Palace.
Je me mets au lit. Je fume un pétard en écoutant

de la musique. Je pense à ce que Quentin m'a demandé avant-hier au téléphone. Tu as encore le désir ? J'ai dit Oui. Et puis j'ai dit Je ne peux pas vivre avec toi. Mais ce soir je me dis que je vais vraiment pouvoir cesser de l'aimer parce qu'il y a vraiment quelqu'un d'autre. Je pleure de bonheur, je pense que je vais pouvoir vraiment l'aimer, que c'est vrai ce que j'entends. I wanna make you mine. I'll love you till the end of time, et c'est un tel soulagement. Je me dis que ça fait longtemps que je n'ai pas pleuré sur moi. J'ai envie d'appeler Stéphane là maintenant pour lui dire de choisir entre Jean-Marc et moi, qu'il faut qu'il se décide tout de suite, que s'il n'est pas là dans une heure je ne le reverrai plus jamais. Et puis je me dis que ça ne serait pas très malin. De toute façon je sais très bien qu'il va le quitter. C'est juste une question de temps. Ça me fait bizarre en même temps. Je ne suis resté que deux mois seul. Enfin même pas vraiment. Et tout d'un coup j'ai une crise de parano, c'est sûrement le shit, quand j'entends le tic-tac d'horloge tout à la fin de la chanson de D:ream, ça ne me fait pas du tout le même effet que la première fois que je l'avais remarqué,

quand on se reposait après avoir baisé avec Stéphane. Ce coup-ci je me dis que c'est le compte
à rebours de ma fin. J'ai peur. Je pleure. Et puis
je me calme et j'arrive à aller jusqu'à la salle
de bains en me rattrapant au mur tellement je
suis explosé et j'écoute encore D:ream pendant
que je prends une douche pour essayer de faire
passer le pétard.

4. Mes amants

Ça fait un siècle que je n'ai pas dansé. Stéphane n'aime pas trop ça parce qu'il ne sait pas, mais comme ça lui fait plaisir de me faire plaisir, il est ok. On ne peut pas aller au Queen parce que je ne veux pas tomber sur Terrier, mais ce soir il y a un truc au Bataclan, alors après quelques bières en bar on y va. Au Bataclan la musique est assez moyenne, en plus comme la boîte n'est pas remplie l'ambiance est froide, les gens sont prétentieux parce que c'est une soirée spéciale, de toute façon il y a trop d'hétéros, bref au bout d'une heure, quand l'effet du gin-get commence à s'estomper, le Queen est devenu inévitable.

Quand Terrier me voit, j'ai la tête à moins de dix centimètres de Stéphane, je suis en train de lui demander s'il a trouvé un troisième pendant que j'étais aux chiottes. Il me dit qu'il n'a pas eu le temps en me souriant. Terrier est blême. Il passe à côté de moi sans un mot. Je le rattrape aux chiottes. Je lui dis Eh je t'ai reconnu. Il est total bourré. Il me dit Mais t'es qui toi ? Tu sais très bien qui je suis, je dis. Ouais, et alors qu'est-ce que tu fous là, tu ne peux pas me foutre la paix ? il dit. Je dis Putain j'ai bien le droit d'être là, je ne vais quand même pas me cloîtrer chez moi parce que toi tu sors. Et puis il se met à pleurer. Tu ne m'as même pas reconnu... Je ne pensais pas à toi... Et puis je t'ai vu, avec tous tes poils...

Je ne sais pas quoi faire alors je me casse. Je chope Stéphane en chemin, je l'entraîne à travers la foule. Après le bar, il y a un peu de place. Je danse. C'est Tony D. Bart. Quentin me l'avait fait rapporter de Londres par Nico, en décembre dernier, il y a trois ou quatre mois, à l'époque où j'ai rencontré Terrier. Je danse comme un fou, je jette la tête dans tous les

sens, je sens mes joues qui battent, j'ai du mal
à garder l'équilibre, on creuse un trou autour
de moi pour me laisser faire. Quand j'arrête,
il y a un mec frustré qui me pousse dans le
dos. Les autres défoncés à belles gueules, super
muscles et chemises classe me sourient. J'ai plus
de souffle, je regarde Stéphane, je me remets
à danser plus cool. Je relève la tête. Terrier est
à trois mètres. Apparemment il nous suit. Je
dis à Stéphane Viens on monte. On monte. On
fume une clope en regardant la piste en bas. La
musique est bonne. Je suis défoncé au gin-get
et au pétard. Je danse au bord de la barrière de
sécurité. Je me frotte contre le cul de Stéphane.
Ça me fait bander. On s'embrasse.

Quand j'ouvre les yeux Terrier est encore là, au
bout de la coursive. Il ne fait même pas semblant de ne pas regarder. Je dis J'en ai marre
on se casse. Le temps de monter les escaliers
vers la sortie je vois que je pourrais me faire au
moins cinq mecs mignons. Je me dis que je m'en
fous. J'ai déjà baisé avec mille mecs dans ma vie.
Celui avec qui je rentre est dans le top 4. Ça va.

Et puis dehors Terrier se pointe, ivre mort. Il est torse nu en débardeur blanc, jean noir, ses épaules blanches un peu trop maigres brillent dans la nuit. Je le trouve hyper beau. Il fait un froid de chien. Je viens avec vous, il dit. Je dis Non mais tu délires. Si si ça va être super, il répond. J'adore sa voix cassée. Ça ne va pas être super parce que tu ne viens pas, je dis. Ah ouais et comment tu vas faire pour m'en empêcher ? il dit. Comme ça, je dis. Je l'attrape par l'épaule. Je le fais pivoter vers l'entrée de la boîte. Maintenant tu rentres là. Il se dégage. Il se met à marcher vers l'Étoile. Je le suis. Il se met à courir. Je cours. Il accélère. Ça m'excite. Je finis par le rattraper au bout de cinquante mètres. Bon maintenant ça suffit tu nous fous la paix, je dis. Il se marre. On redescend les Champs déserts. Je le tire par le poignet. Il dit Tu me fais mal. Je dis Je m'en fous.

À l'entrée tout d'un coup il y a la queue. Je le traîne jusqu'à la porte à travers la foule. Il dit La honte de ma vie. Le videur demande à Sandrine, la fille à l'entrée Et ces messieurs, tu connais ? Lui, elle le connaît, je dis, et il va attraper froid.

Je le laisse se faire happer par l'entrée de la boîte. Je pense que ça va aller, à cause de la remarque qu'il a faite avant de disparaître dans la buée, la house persuasive : Peut-être encore un dernier verre ? Je retourne vers Stéphane, complètement dessoûlé. Je lui dis Ça m'a fait complètement dessoûler. Il dit Je vois. Il m'a attendu assis sur un capot de voiture, bien mignon dans son petit bomber vert. Je dis On va au Transfert ?

Finalement on décide de ne ramener personne à la maison, et de baiser juste tous les deux. On rentre. Quatre heures, MC Solaar à la radio, on entre dans le tunnel Concorde quai du Louvre, le taxi black et son pote rebeu causent cool entre eux. Je dis à Stéphane que ça va, ça m'a fait trop, c'est tout, Terrier arrêté net à l'entrée des chiottes, c'était la première fois qu'il me voyait avec son remplaçant, c'était pas prévu.

Cinq heures. Stéphane est au-dessus de moi. J'ai une de mes chevilles sur chacune de ses épaules. Il est prêt à entrer. Je dis Je ne veux pas que tu me baises. Il dit Ah ouais ? Je dis Je veux que tu me fasses l'amour. Il dit Ok.

Les quinze premières minutes sont parfaites, je trique comme un dingue sans me toucher, j'écarte les cuisses au maximum pour prendre ses vingt-deux centimètres. Au bout d'un moment ça devient tellement bien que ça me rappelle Quentin tellement il arrive à me baiser profond. Je trique à mort. On jouit quasiment ensemble. Il me dit après qu'il commence à comprendre ce que c'est qu'enculer. Je lui dis que sur les mille mecs avec qui j'ai baisé il y en a quatre ou cinq, enfin une dizaine qui savent faire ce qu'il m'a fait. Il y a aussi Chad Douglas, mais c'est sur k7 uniquement. Justement, il est crédité dans une de celles que j'ai achetées avant-hier. Télécommande. J'espère seulement qu'en vrai il n'est pas mort.

5. Sex

Robert me coupe la nuque en me rasant avec une lame neuve. Alors je lui dis Tu me fais plaisir, tu mets de ça, et t'attends trente minutes ok? Il me dit Trente? C'est ça qu'il faut attendre pour hiv1 d'après l'étiquette sur le produit antiseptique, pour les autres maladies c'est plus court. Je lui dis Ouais. Il me dit Faut pas plutôt la jeter? Je lui dis Ouais. Il m'aime bien Robert, il m'a payé un café l'autre fois, et aujourd'hui il m'a offert une marlboro. Beau gosse hétéro, looké western, grosse ceinture, 501 usé, mèche. Je vois qu'il se penche pour me regarder par-dessus la balustrade alors que je suis presque en bas.

Après cette histoire j'étais tellement gêné que je suis allé ailleurs pendant un mois. Quand j'y suis retourné il était là, il m'a demandé Ça va ? J'ai fait Ça va. Il a fait un truc que je ne connaissais pas, un clin d'œil lent.

On sort du salon. Stéphane marche derrière moi comme d'habitude. On va en face m'acheter un nouveau bomber et des chaps. Les chaps, ça faisait des années que j'en rêvais. Je me sens inoxydable. J'ai les cheveux très courts, mon 501 en cuir noir, des bottes allemandes, un pull camionneur bleu, le col de ma chemise met juste une touche de couleur. J'ai sept ans de gym derrière moi. Un peu de ventre, vraiment peu, ça part en deux semaines si je fais des abdos, le seul truc, c'est les mollets qui sont un peu fins.

Samedi, vers six heures, Stéphane revenait d'une course à l'extérieur, il m'a enculé, c'était bien, mais je ne me souviens de rien. On a dîné, Alessandro nous a fait des pâtes aux asperges, puis il est parti, à Beaubourg soi-disant, en réalité voir sa meuf. On reprend de la coke, avec un pétard. Stéphane est constipé. Ça m'énerve, je pense qu'il a toujours peur de se faire baiser. C'est vrai cela dit qu'il y a du progrès, il m'a dit qu'avant il ne s'ouvrait qu'explosé au poppers. Je l'envoie chier et se laver le cul. Pendant ce temps-là je retire mon jean, je remets d'abord mes bottes, puis mes super chaps en cuir. Quand il revient, les chaps en latex sont ouverts sur le lit, les rangers qui lui vont et les chaussettes assorties au pied. Je l'aide à s'habiller, et puis je le mets en place, genoux sur le lit, cul en l'air. J'ai du mal à bander au début vu que ça manque vraiment de préliminaires. Je mate son cul, je rajoute du gel, ça finit par m'exciter, je rentre, pas hyper dur, il est serré, alors je l'ouvre à la cravache, de la main gauche je le tiens par la ceinture des chaps, de la droite je lui cravache douce-ment les fesses, les cuisses, le bas du dos. Je gonfle dans son cul, il se plaque contre moi, je me retourne, je vois dans le miroir un truc de classe internationale, ça me plaît, ça me rassure, ça me flatte. Je le bourre pendant un moment, et puis j'en ai marre de la position, je l'avance sur le lit, puis on revient sur le bord, puis je sors, je lui dis de se mettre de face, j'ai un peu débandé, je rentre, je regonfle dans la capote. À la fin il jouit.

Il est déjà deux heures. J'ai pas envie de sortir. On a faim. J'ouvre une boîte de tripes, je fais du riz dix minutes, deux sachets individuels. Il reste du sancerre au frigo. Les tripes n'ont pas trop de goût à cause de la coke. Je mets Soft Cell. J'ai acheté deux vieux albums que je ne connaissais pas, sauf le hit qui est top, Numbers. Who's the person that you woke up next to today? me demande Marc Almond. Je roule un pétard et puis je l'allume et puis j'éteins la chaîne avec la télécommande de la chaîne et après j'allume la télé avec la télécommande de la télé parce que je n'ai pas réussi à mettre les deux sur la télécommande multistandard que j'ai achetée la semaine dernière, et je cherche quelque chose sur le câble et je passe le pétard à Stéphane.

Je voudrais mettre Microbots, Cosmic evolution, un super morceau qui est sur le cd de dj Brainwasher, mais le laser refuse de le programmer. Je cherche quelque chose de répétitif mais pas froid pour me faire goder. Il est cinq heures du mat, Stéphane commence à être fatigué, il s'endort, mais il m'a dit que c'était ok, je peux le réveiller pour qu'il me gode. Je prends une autre compil, Guerilla in dub, la six doit être bien adaptée d'après le titre, Intoxication. En effet, c'est bien. La basse est sourde et cool. De temps en temps il y a même des paroles, une voix qui susurre Funky marijuana. Je ne m'en rends compte qu'au troisième gode, le gros noir. On a commencé par le rose fluo hyper mou que j'avais acheté à Pleasure Chest, West Hollywood, il y a deux ans, quand j'étais parti entre deux hospitalisations, et qui est parfait pour ouvrir un cul en douceur. Puis un rose plus imposant, le Kong (23 × 17). Maintenant le gros double noir acheté à Berlin, qui fait dix-neuf de tour. Je le prends jusqu'à la moitié. L'énorme rose qui fait vingt et un est sorti à côté. Je ne le prends jamais parce qu'il ne passe que quand je suis hyper défoncé. Donc ce soir, avec le quart d'acide, la coke et tous les pétards que j'ai fumés, je vais pouvoir me le taper, et je sais que c'est une sensation assez royale qui m'attend, un truc largement aussi délirant que le saut en parachute ou la plongée sous-marine. J'aime les sensations fortes.

Stéphane l'enduit de gel, j'ai toujours le noir dans le cul, je préfère ne pas le laisser vide trop longtemps, j'ai du mal à maintenir mon érection quand je n'ai plus rien dans le cul alors que je suis déjà très dilaté. Stéphane rajoute du gel sur le gros rose, j'insiste pour que ça dégouline, sinon je le sens trop passer. On y va. Ça passe, d'abord le gland qui est gros comme un poing force l'entrée d'un coup, puis, l'un après l'autre, les trois bourrelets que les crétins qui ont dessiné la chose se sont crus malins de mettre derrière, j'imagine qu'ils pensaient que ça devait faire plus joli. Attends ça fait mal. Ça va pas, je dis, sors-le, sors-le, sors-le ! Trente secondes de répit avant de réessayer. Là c'est ok, ça passe, mais c'est quand même vraiment gros, j'ai un peu mal même en reprenant un bon coup de poppers. Je me demande comment me réexciter et puis j'ai une idée. Je dis à Stéphane Mets ta main autour pour me faire sentir comme c'est gros, ça va m'exciter. Évidemment ça m'excite à mort de sentir de l'extérieur à quel point ce truc énorme arrive à dilater mon cul de chienne. Je rattrape une super érection. Je commence à monter. Ok vas-y baise-moi avec. Il y va. Je me rends compte qu'il l'a vachement rentré, je ne l'avais jamais pris aussi profond. Au bout de vingt secondes de méga-défonce je sens que je vais jouir. Retire-le vite, vite, vite! Il le retire d'un coup. J'explose. Je pense à Quentin parce que c'est lui qui m'a appris à retirer les godes avant de jouir, pour ne pas endommager les sphincters. Si on laisse les godes, les muscles se cognent contre le latex sans pouvoir se refermer pendant l'éjaculation. Je vérifie. Comme d'habitude depuis un an maintenant, pas trace de sang. Ça c'est moi qui me le suis appris tout seul. Dans ce genre d'exercices, il ne faut jamais insister quand on a mal, sinon on finit par se péter des vaisseaux, et quand on se retrouve le cul en sang ça n'est plus marrant du tout.

Le lendemain c'est dimanche, on se lève trop tard pour aller faire les courses alors on ne fait rien. Je roule un pétard après le petit déjeuner, on regarde un peu la télé et puis comme je commence à m'emmerder je me décide à descendre sur sa bite. Je le suce un petit moment, et puis je me lève et je vais me laver le cul dans la salle de bains, je ne donne pas d'explications puisqu'il entend les bruits, ça me prend un bon moment, quand je reviens je suis un peu désexcité alors je refais un pétard, on le fume en regardant la télé et puis je redescends sur la bite de Stéphane et quand il est bien dur je me mets sur le dos et j'écarte les jambes et il vient sur moi et il me saute en profondeur avec une compréhension parfaite de mes entrailles, je bande comme un fou sans me toucher, vingt minutes je pense, je le caresse, je lui fais les seins, je presse ma bite gonflée contre son ventre, il me fait un truc que j'adore faire aussi, il roule son ventre contre mes couilles en me baisant. Multiplication des points sensibles. Il me dit qu'il a envie de jouir, je dis Ok, un coup de par-derrière et on y va ensemble. Par-derrière la pénétration est plus profonde et puis c'est plus facile pour me branler. Je me retourne, quarante-cinq secondes de tâtonnements et puis c'est bon, il est bien calé, je suis autour de lui, mon paquet lourd, gorgé de sang, je me branle, il me bourre fort, je jouis avant lui, après je ne peux plus, il faut qu'il arrête. Je suis un peu emmerdé qu'il n'ait pas joui dans mon cul mais il est content quand même, il me dit que c'est fou de sentir sa queue comme ça dans un cul. Je dis Je sais, mais je suis quand même total emplafonné, c'est la première fois que j'arrive à me laisser bourrer vraiment fort par son super engin gonflé à bloc. Je me sens trop crevé pour l'aider à venir tout de suite. Je lui dis qu'il jouira quand je le baiserai tout à l'heure, ok?

C'est ce qui se passe une heure après. J'ai retrouvé mes esprits, on a regardé la télé, je le caresse, je trique à fond, avec les couilles hyper descendues. L'érection top, implacable, absolue. Il ne sait pas s'il n'a pas le cul sale. Il va aux chiottes puis à la salle de bains. C'est long. Quand il revient j'ai débandé. Je passe d'abord une minute dans sa bouche pour arranger ça. J'enfile ma capote. Je l'installe sur le dos, un oreiller sous la tête. Je lui glisse deux doigts comme dans du beurre. J'y vais. Merde. Impossible de rentrer tellement il est serré. Je réessaye. Toujours pas. Je débande. Il a l'air flippé. Je dis Bon, on va prendre notre temps. Je pose mon cul sur le lit, je frotte mon gland contre son trou, un bon moment, il se détend, je rentre hyper doucement. Ça va. Et là je le baise comme jamais jusqu'ici. Ça dure longtemps comme j'aime. Je vois dans ses yeux qu'il commence à me prendre vraiment au sérieux. Je le prends de face, en le tenant, d'abord par les chevilles. Puis sous les fesses. Puis par le milieu des cuisses. Puis au pli des genoux. Puis autour du cou. Je ressors pour mettre du gel. Je rerentre. À la fin il explose. Je sors, je retire la capote, je me branle en regardant son cul, je pense à la vidéo hétéro que j'ai qui s'appelle Anus Juteux, le slogan c'est Tout anus éclaté sera arrosé de bonnes giclées de sperme. Dommage qu'on ne puisse pas le faire pour de vrai. Ça vient. Je me redresse. Boum. C'est la cinquième fois qu'on baise ce week-end.

Il est onze heures. On va dîner, total explosés, à côté dans le ghetto. Les serveurs sont gentils. Une fille arrive du Privilège, c'était l'anniversaire du Tea dance ce dimanche. On sort les derniers du restaurant. Il fait froid dans les rues. On va dormir ensemble, trois nuits de suite pour la première fois, c'est bon.

6. L'Amérique

Je me suis branlé en regardant Éric Manchester en pleine action, faisant ce qu'il sait faire, des trucs que je sais faire. Ce n'est pas Chad Douglas, mais lui aussi il aime sa queue. Je vais me brosser les dents, c'est le round hygiénique du soir, azt, dents, verrues, je me rebranlerai peut-être, je l'espère, après tout ça. Je me vois dans le miroir, et je me trouve beau. Une légère contre-plongée, puis je choisis d'autres angles, je change d'expression, j'ai l'air soucieux, je me dis que ma conception de la beauté a changé, avant je ne faisais attention qu'à la plastique, le type pouvait avoir l'air con ou torturé, il était toujours beau. Maintenant je me dis que seule l'expression est belle. C'est pour ça que j'ai tant de succès en ce moment, j'ai l'expression que j'avais à quinze ans, quand j'étais en vacances à L.A. chez les L., et qu'on me servait de l'alcool dans les restaurants parce que j'étais français, alors que c'était interdit aux moins de dix-huit ans. On ne faisait que des trucs super avec les L., comme boire du vin californien blanc frappé, mis à la place du cranberry juice dans la bouteille de cranberry juice, dans la glacière, à la plage, face aux rouleaux du Pacifique. Ça sent très fort l'eucalyptus quand on descend la colline vers la plage. En plus c'est chic, on est dans une jaguar blanche qui a fait les vingt-quatre heures du Mans en 1964. Julie L. m'emmène dîner à Tijuana. On prend chacun un talk-to-me-sideways, un steak à l'ail et à l'oignon. Les belles mexicaines viennent dîner en robes du soir rouges ou noires, les hommes en costumes noirs. J'ai une veste qui était trop serrée pour Papa et qu'il m'a donnée, une chemise en oxford bleue à manches courtes et boutons de nacre qui me va très bien parce que je suis bronzé. J'ai des shorts Op's en velours côtelé crème. Des docksides bleu marine. C'est cool. Un mexicain assis par terre dit Is he her son or her lover? alors qu'on passe sur le trottoir de la grande rue de Tijuana, vers cinq ou six heures du soir, à la mi-juillet. Mon père refuse que je passe l'année suivante chez eux, pourtant j'aurais pu suivre les cours du lycée français qui est juste à côté.

Ça fait quatre ans déjà que je pense que je vais mourir l'année prochaine. Je me trouve beau quand même. J'écoute Depeche Mode, In your room – higher love adrenaline mix, le mix de François Kevorkian est vraiment géant.

Je pense à Quentin et moi, à L.A. il y a deux ans. À l'arrivée, j'annonce aux L. que le voyage est écourté, j'ai droit à quinze jours seulement, le temps que mes plaquettes redescendent en dessous de vingt mille, après il y a un risque sérieux d'hémorragie interne, il faut les remonter à coups de perfusions, et on ne peut pas faire ça ici parce que ça coûterait trop cher. Les L. nous laissent au bout de deux jours, ils doivent partir. Dès qu'on se retrouve seuls on s'engueule, comme d'habitude. Il me dit des trucs horribles comme d'habitude, mais pas trop quand même, pour qu'on ne se tue pas. Je pars faire des courses au supermarché, je me calme dans la voiture. De toute façon c'était inéluctable. Au supermarché comme il est tard je me retrouve presque seul dans les travées de boîtes, d'emballages. J'achète tout ce qu'il faut pour être heureux. Les salades sont comme des choux. Il n'y a pas de vrai fromage, seulement du frais avec de la ciboulette, pour le saumon. Je passe du temps à choisir du vin, du rouge et du blanc. Pinot noir. Chardonnay. De quelle vallée ? Je lis les cartes géographiques au dos des bouteilles. Je rentre. C'est déjà la pleine nuit. Je me gare dans les fleurs. J'ai les courses dans les mains quand il apparaît sur le seuil de la cuisine. Il n'est pas comme d'habitude. Je comprends qu'il ne va pas me punir.

Je ne sais pas pourquoi il a bien voulu rendre tout ça possible. La brume compacte dans la nuit, sur Santa Monica blvd, West Hollywood. Les mecs avancent deux par deux, ils sont tous habillés pareil, t-shirts moulants, jeans moulants coupés en shorts très courts, grosses chaussettes blanches roulées, rangers. On danse sur En Vogue, tout le monde connaît les paroles, dans le bar ouvert comme un hangar sur la rue, tout le monde danse bien. On se retire dans une rue à l'arrière pour fumer un pétard. J'ai du mal à respirer à cause de l'humidité mais c'est bien, lui et moi indestructibles dans la nuit à West Hollywood.

Probe. Spike. The Arena. Un endroit de fin du monde différent chaque soir. On fait du shopping. À Pleasure Chest, des lesbiennes hard commandent des chaînes pendant que j'examine les kilos de godes à l'étalage. C'est là que je découvre l'existence du rose mou fluo, j'en achète deux parce qu'il n'y a pas ça en France (en fait, il y a quelques mois, il y en avait un, tout vieux et sale, chez Yanko aux Halles, personne ne doit vouloir l'acheter à cause de la couleur trop surréaliste). Des kilomètres d'autoroute dans le désert pour aller à la plage. On fait de la gym à West Hollywood. Ça drague mollement dans le jacuzzi sous les plantes, comme dans les débuts de films pornos. On ne baise avec presque personne, juste un ou deux mecs rencontrés dans les bars western de Silverlake. Je le saute chaque jour, du jamais vu entre nous. On boit des Coors devant la télé, en mangeant les sushis que j'ai trouvés au supermarché en bas de la colline, j'ai roulé très vite dans la descente pour y aller. Je suis heureux.

Stéphane a annoncé à Jean-Marc qu'il le quittait. Jean-Marc l'a viré de l'appart. J'ai proposé à Stéphane de s'installer à la maison au lieu de prendre un studio. Tout en le faisant je me disais que c'était une erreur. Mais je n'avais pas le courage de lui dire qu'il valait mieux qu'il s'installe de son côté et puis je venais de le prendre, je ne me voyais pas lui faire ça. Je savais qu'il n'avait jamais vécu seul et que ça lui faisait peur. Je me disais que si on n'habitait pas ensemble je le larguerais obligatoirement alors que si on vivait ensemble j'allais peut-être l'aimer comme il fallait. Je me disais que je ne savais plus ce que c'était que l'amour. Je ne voulais pas être seul. Je ne voulais plus avoir à chercher quelqu'un. Stéphane finirait bien par acquérir les qualités qui lui manquaient pour que je l'aime.

7. Notre jeunesse s'envole

Samedi après-midi. On est à poil au lit. Le téléphone sonne. C'est Nico. Je dis Salut ça va, pas trop content à l'idée qu'il va me soûler avec ses problèmes de cœur. Il dit Non ça ne va pas. Quentin a failli me tuer hier soir. Il m'a explosé à coups de pompes dans la gueule, partout, j'ai des bleus sur tout le corps. Je demande Et là tu te sens comment? Ben j'ai mal partout, je peux plus marcher, il répond. Je dis Tu veux que je t'apporte à manger? Il dit Ouais ça serait sympa et est-ce que tu pourrais m'acheter des yaourts, je ne peux pas trop ouvrir la bouche. Je dis Ok j'arrive. Je dis à Stéphane C'était Nico. Quentin a failli le tuer. Tu veux venir? Il dit Bien sûr.

C'est vrai qu'il est salement amoché. Je fais du thé, il mange un yaourt avec des bananes. Je dis Mais dis donc je croyais que vous ne vous voyiez plus ? Il dit En fait je m'étais promis de ne plus le revoir après la ts que j'avais faite dix jours avant. Tu vois j'avais beaucoup bu, je me suis dit j'ai cent t4, Quentin ne m'aime pas, ça suffit, j'ai pris tout ce qu'il y avait dans l'armoire à pharmacie et puis un copain m'a appelé deux heures plus tard, j'ai dit ça va pas très bien j'ai pris dix plaquettes de y et de z et j'ai bu une bouteille de whisky. Il m'a emmené à Saint-Louis, on m'a fait un lavage d'estomac. Et tu sais ce que Quentin m'a dit ? Il m'a dit Ça prouve bien que tu es con, nul et chiant. Là je l'ai quitté. Évidemment après ça il a tout fait pour me récupérer. Il est venu me rendre mes affaires mercredi après-midi. Il était allé chez le coiffeur, il avait même fait des uv, il avait mis sa belle chemise, celle que tu lui as filée, à carreaux orange et violets. Comme par hasard, son jogging sans slip, soi-disant il avait oublié d'en mettre un et il n'arrêtait pas de se toucher la queue. Je lui ai dit pour finir Si t'as envie de baiser avec moi, tu m'appelles. Évidemment le lendemain allô ? J'ai envie de baiser avec toi. On s'est vus jeudi soir, câlins, bisous, on n'a pas baisé mais c'était super. Il m'a dit qu'il ne baisait plus en ce moment, alors que sur le répondeur il n'y avait que des messages de mecs qui disaient Je te rappelle comme convenu. On s'est revus le lendemain. Quentin a voulu aller danser au Queen. Moi j'avais envie de baiser. Il avait pris de l'exta avant que j'arrive, y en avait plus pour moi, il m'a dit Tu comprends mon chéri, j'ai gobé, j'ai envie de danser, je rentrerai à cinq heures et j'aurai super envie de baiser, si, si, reste là, repose-toi. Je suis resté. À cinq heures, Quentin arrive avec un brun aux oreilles décollées. Ils boivent un verre dans le salon, ils parlent rugby (le mec est rugbyman). Alors, tu es là la semaine prochaine ? Tu me passes ton numéro ? Je peux t'appeler quand ? Je l'ai rejoint dans la cuisine. Je lui ai dit Quentin y en a marre, ça fait trois mois que tu me fais ça, tu te fous de ma gueule. Il m'a dit Tu fais chier Nico, tu vois bien que je ne vais pas baiser avec lui maintenant. Je lui ai foutu une baffe. Il m'a dit Dès que le mec sera parti, tu vas me payer ça. Et dès que le mec est parti il s'est jeté

51

sur moi. Un mètre quatre-vingt, quatre-vingt-cinq kilos, contre un mètre soixante-cinq, cinquante-cinq kilos. Il m'a balancé contre le mur, les étagères me sont tombées dessus, il m'a tapé à coups de pompes dans la tête, dans les côtes. Arrête ! Tu vas me tuer. Et puis il s'est arrêté, il s'est mis à pleurer Mon chéri, je t'aime, viens dormir avec moi, j'ai envie de baiser avec toi. J'ai dit Non. Alors il a dit Ah c'est que je ne t'ai pas encore assez tapé. Tu vas voir ce que c'est de se faire latter la gueule. Je t'aime. Tu ne sortiras pas d'ici vivant. Je me suis senti m'évanouir. Ça m'a donné la rage, je lui ai foutu un coup de genou dans les couilles, je me suis dégagé, je l'ai jeté sur le lit, j'ai pris mon blouson, il s'est relevé, il m'a rattrapé, je lui ai cassé la tête pour pouvoir m'échapper. Je pissais le sang de partout. Je suis allé direct aux urgences.

Je laisse un message chez Quentin pour lui dire que j'ai envie de lui éclater la gueule si jamais je le vois, mais que je vais me retenir. En fait c'est seulement parce que j'ai trop peur qu'il me tue.

Le lendemain je rencontre Cédric dans la rue. Je lui dis que ça ne va pas, Quentin a failli tuer son amant à coups de Doc Martens vendredi soir. On prend un pot, je lui raconte l'histoire. Il me donne de ses nouvelles, il est très bavard, il la ramène pas mal comme tous les anciens moches (une fois, on était chez lui avec Quentin, il y avait sa photo en couverture d'une revue de cul allemande qui traînait). Il me dit que ça va mieux que la semaine dernière, ils ont cru qu'il avait un cytomégalovirus, qu'il fait plein de trucs psychosomatiques, qu'il a passé un casting pour présenter une émission de remise en forme à la télé, qu'il n'arrête pas de baiser, qu'il a un nouvel amant. Renseignements pris, je le connais, j'ai été couper du bois chez lui à la campagne avec Quentin il y a un an. Quentin se l'était fait. Il me dit que son nouveau mec adore se faire sauter par lui mais qu'il ne l'a pas encore fisté. Je lui demande si c'est avec ou sans capote. Il me dit Tu sais personne ne met plus de capotes, même les américaines, maintenant tout le monde est séropositif, je ne connais plus personne qui soit séronégatif (moi non plus, je pense, à part Quentin. Son dernier test date de six mois je crois), et tu sais moi j'y vais, je bouffe du sperme. Je dis C'est vrai que c'est bon, le sperme, moi aussi j'ai envie d'en bouffer, la baise c'est vraiment bon quand on peut tout faire. Il s'étonne que je me sois retrouvé un mec aussi vite. Je lui dis que j'en avais même deux, que c'est parce que je suis gentil, les mecs s'attachent à moi, et puis quand ils ont quelque chose qui ne va pas, je le change. Je ne développe pas. Il me parle d'un copain à lui éditeur pour mon journal, c'est lui qui a publié le bouquin de la gamine masochiste, il en a vendu dix mille exemplaires, elle vient de mourir avec son maître dans un accident de voiture, c'est horrible. On échange nos nouvelles adresses. Et puis on se fait la bise sur la bouche juste devant les flics.

Deux jours après on va boire un verre au Quetzal avec Stéphane. On tombe sur Marc, l'ex-éternel supporter de Peter, un ex-amant à Quentin et moi. On cause. Il nous quitte pour aller dire bonsoir au fond du bar, puis il revient. Vous êtes en froid avec Quentin ? il me demande. Je dis Je ne lui parle plus, je ne le vois plus, à part ça, ça va, pourquoi? Il me dit Parce qu'il est là. Il est là, en effet. Trois mètres plus loin, avec Éric, notre ex-homme de ménage. Il porte le bomber bleu que je lui ai donné, un vieux t-shirt blanc, un jogging bleu pas net. Il n'est pas rasé, il a encore les yeux pochés de la bataille avec Nico. Je le trouve tassé, petit, plissé. Éric de profil lui dit quelque chose d'apparemment drôle à l'oreille. Je dis Je pense que je vais me casser tout de suite. On part.

Le lendemain je me sens déprimé dès le réveil. Il fait extraor-di-nai-rement beau. C'est samedi. En plus j'ai du boulot. J'ai envie de l'appeler pour lui dire Sauve-toi. Il ressemblait tellement à un vieux bébé perdu. Je dis à Stéphane C'est vrai que j'ai envie de le tuer, il a raison Quentin. Peut-être qu'un de ces jours j'aurai aussi envie de te tuer. Pour que la dernière chose que tu voies avant de mourir ce soit moi. Je t'aime. Je te tue. C'est là que j'ai les yeux qui se mouillent. Je me console, avec Stéphane, ça va vite. J'écoute Jam and Spoon, Tripomatic fairytales, un truc que m'a conseillé Christophe un autre copain. La dernière fois que je l'ai vu, c'était dans l'eau à la piscine des Halles. Quand je lui ai demandé Ça va ? il m'a répondu Pas trop fort, j'ai demandé Pourquoi ?, il m'a dit J'ai viré séropo depuis un mois je ne sais pas comment ça a pu se passer. Je ne pouvais pas le prendre dans mes bras parce qu'on était dans un endroit public. Je l'ai caressé en douce quand on se retrouvait au bout des longueurs.

8. Possession

Je rentre par-devant, c'est pas mal, il est un peu crispé, il ne pense pas trop à me faire les seins alors que je ne bande pas à fond, je ne sens pas trop son cul, mais bon, c'est pas trop mal, au moins il n'est pas serré, crispé. Je le chope au-dessous des genoux, je cale les bras, il ne peut plus bouger, je le tire doucement en cambrant un maximum.

Je le baise exactement comme Quentin me baisait. D'abord l'empoignage. Je le prends dans mes mains et je le tiens doucement et fermement. De face, il y a plusieurs possibilités, de dos aussi, mais moins. Quand il a les chevilles sur les épaules, pour le baiser de face, je mets mes poignets autour de son cou ou de ses hanches. Je le tiens par les chevilles, jambes écartées : il a les jambes repliées sur lui-même, les pieds sur mon ventre ou sur mes flancs. Si je l'attrape par le dessous des genoux, je peux le baiser bras tendus, plus en profondeur avec le poids du corps dans les reins, c'est top. Je peux aussi le tenir dans le dos au niveau des reins, par en dessous un peu en l'air, par les chevilles les jambes en grenouille ou alors droites jointes sur ma poitrine. Je peux aussi le tenir en croisant les bras autour de ses cuisses ou de ses jambes. Ce sont les meilleures positions, les plus stables, on peut maîtriser la pénétration, en plus, en variant les angles, je sens des parties de bite et de cul chaque fois différentes, plutôt le dessous de la bite et du cul, plutôt le dessus, bien dans l'axe, un peu par en haut, ou par en bas... Après il y a le cambrage. Ça c'est pour faire sentir sa bite au maximum. Plus je me cambre, plus la pénétration est ample et ressentie par le mec. Ça le détend bien. Et puis il y a le poussage. Au bout du mouvement, ne pas oublier d'exercer une pression de plus en plus forte avec le bassin pour ouvrir de plus en plus profond. On se retient de taper comme un sourd tout de suite en pensant que tout à l'heure on pourra taper comme un sourd mais beaucoup plus longtemps et dans un cul beaucoup plus mouillé et en provoquant beaucoup plus de gratitude. Je l'encule vraiment bien à fond pour la première fois, ça dure enfin assez longtemps avant qu'il jouisse pour que j'arrive au cul bien souple, tellement détendu qu'il fait flotch, flotch, flotch, que je sois couvert de sueur, et qu'après j'aie mal aux cuisses. Comme Quentin dans le temps avec moi.

Le lendemain je me suis réveillé avant lui, vers une heure. J'ai gerbé tout mon dîner de la veille. J'ai nettoyé la cuvette des chiottes et je suis retourné me coucher. Il s'est réveillé à cause du bruit. Je lui ai demandé de me faire du lait chaud et du miel. Dès que j'ai eu fini le bol, j'ai couru le gerber aux chiottes. Ça a fait comme une vague blanche et verte à cause de la bile. Je me suis dit que je n'aurais jamais dû boire de lait. Au bout d'une heure j'ai bu un verre d'eau, qui est passé, et après j'ai mangé deux cuillères de riz. J'ai immédiatement gerbé le tout sur le plateau et le lit. Je me suis endormi. Quand je me suis réveillé j'avais chié au lit. La doctoresse de SOS médecins m'a donné sept jours d'arrêt de travail.

9. No comment

Il fait beau. Stéphane est passé me prendre après le boulot. On rentre dans sa voiture. Je n'ai pas envie de baiser. Ce matin je lui ai dit que je le violerais en rentrant. C'était pour m'obliger, pour lui faire plaisir. Mais en fait ça me gonfle de le sauter. Je regarde le paysage. Je décide de lui mettre une cagoule. Comme ça au moins je suis sûr de bander.

Je prends celle en cuir parce que ça fait plus sm et que je lui en veux. Je lui bande les yeux. Apparemment c'est une bonne idée. Ça le fait bander. Il donne bien son cul, je le sens bien obsédé par sa chatte. Je le baise pendant une heure et quart.

Comme ça m'a mis en forme, le lendemain je décide de recommencer. Mais cette fois-ci je ne lui en veux plus alors je lui mets la cagoule en latex noir. Le latex je trouve ça plus mystérieux, plus intime. Il s'ouvre doucement, millimétrique-ment, comme un abricot. Je fais vraiment atten-tion pour la première fois à ne pas lui faire mal du tout. Je bouffe la cagoule. Je crache dessus et puis je la lèche à grands coups de langue tout en le ramonant. Il râle doucement. Il s'accroche à mes tétons. Il est comme moi quand j'ai décou-vert mon cul avec Quentin il y a cinq ans. Je le baise pendant une heure et demie.

Je le baise jusqu'à ce que je sache qu'une fois de plus je ne vais pas avoir envie de jouir. À ce moment-là je voudrais être mort. J'accélère pour qu'on en finisse. Quand il a joui je décule et j'enlève ma capote et je pense à lui gicler sur le trou et à étaler pour bien faire pénétrer la mort et je me branle et puis ma bite hyper tuméfiée reprend le dessus et comme je suis près de jouir je ne pense plus et puis j'explose en geyser et c'est comme dans un hyper bon film porno et tout de suite après je me remets à penser.

10. Tentative

Il fait beau. Je vais prendre mon petit déjeuner à la terrasse du Bon Pêcheur. Dix heures du matin. Le quartier est encore vide à cette heure-ci. Très calme. Je rentre à la maison en faisant quelques courses en chemin. J'appelle Stéphane au boulot. Il prend la communication. Il dit Bonjour je suis en réunion là je peux te rappeler. Je dis Non pas la peine j'appelle simplement pour te prévenir que quand tu rentreras ce soir j'aurai un gode dans le cul et une cagoule, et des menottes que tu n'auras plus qu'à m'attacher pour me violenter. Il dit D'accord c'est parfait d'une voix entrepreneuriale. Je dis Tu penses être là vers quelle heure? Il dit Huit heures.

À huit heures dix il sonne. J'ouvre la porte. Il a l'air bien excité. Je fais demi-tour. Je croise mes poignets pour qu'il attache les menottes à la grosse laisse qui me pend dans le dos. Clic. Je commence à bander. Il entre, il ferme la porte derrière lui, je me suis déjà mis à genoux face à son paquet, j'ouvre la bouche au maximum, c'est difficile à cause du cuir de la cagoule, il descend sa braguette à toute vitesse, sort sa bite à demi bandée. J'en profite pour l'avaler à fond, jusqu'au pubis. Je tète. Il grossit vite. Ça m'oblige à reculer mais je reviens dessus et comme je suis bien excité j'arrive à tout prendre jusqu'à ce que j'aie son gland derrière la glotte, je le branle comme ça en fond de gorge en respirant comme je peux par le nez, je bave un maximum.

Ça fait cinq bonnes minutes que je pompe, je commence à redescendre. Je me mets à sucer plus mollement, je vais le long de sa queue, je suce seulement le gland. Pas longtemps parce qu'il m'attrape par le haut de la cagoule et qu'il me force à le pomper à nouveau bien à fond. Ça me réexcite aussi sec. Au bout d'un moment il me tire la tête en arrière. Il me regarde d'en

haut. Petite salope ! Il me crache dessus. Wow !
Je suis tellement content que ça démarre aussi
bien que je fais un truc que je ne fais pas d'habitude parce que je trouve que c'est sale mais là
j'en ai envie pour bien montrer qui est qui ce
soir. Je me baisse et je commence à lui lécher
les pompes. En même temps j'écarte les genoux
et je me cambre à fond pour bien offrir mon
cul. Je sais que c'est une vision assez sympa :
au centre de mon cul, poilu sauf la raie qui est
rasée de frais, les couilles et le bout rose fluo du
gode qui émerge de mon trou, retenus par la
lanière de mon string en cuir. Plus haut il peut
voir mes mains attachées à la laisse au milieu
de mon dos, plus haut encore le collier de chien
en cuir autour de mon cou, l'arrière lacé de la
cagoule. Je n'ai pas mis mes chaps pour avoir
l'air plus vulnérable, mais j'ai mes rangers avec
des grosses chaussettes marron en synthétique
un peu trash roulées au-dessus.

Il me claque le cul. Quand ça devient trop fort
je remonte lui bouffer les couilles et le sucer.
Il m'arrête, il me pousse à terre, il est un peu
brusque mais tant pis, ce n'est pas le moment

de faire des remarques, il m'attrape par le cou, il me tire vers la chambre. J'avance comme je peux, moitié sur les genoux, moitié en rampant. Il en profite pour me claquer le cul, vraiment fort. Arrivés à la chambre, il me prend par les épaules, me jette sur le lit, je me mets en position, torse sur le bas du lit toujours à genoux cul en l'air, non, ce n'est pas ce qu'il veut, il me fait monter sur le lit, je me remets en position, rangers bien écartées dans le vide, je baisse mon cul pour qu'il ne soit pas trop haut pour sa bite, pendant ce temps il va chercher une capote, il se la met, il me claque le cul deux trois fois, il écarte la lanière du string, le gode commence à sortir de lui-même, il pousse dessus pour le remettre à fond une fois, deux fois, et puis il le vire, il le jette sur le lit, il rentre sa grosse bite à la place et il me baise comme une reine.

On ne le refait jamais. Je trouve que ce serait nase de lui refaire exactement le même coup donc j'attends qu'il me le propose. Il ne le fait pas.

11. Retour de vacances

Je récupère le courrier. Quentin m'a écrit. Je lis Notre première histoire est terminée. La deuxième n'a pas encore commencé. Je regrette de t'avoir fait souffrir. J'ai envie de t'entendre, te parler calmement, dans un jardin. Je montre la lettre à Stéphane. Stéphane me dit Ça pourrait être du Jean-Marc. Je pense Quand même pas.

Je rage. Je range les affaires, je remplis la machine à laver, je jette les trucs qui ont pourri dans le frigo, j'ai pas faim. J'ai du mal à m'endormir malgré les deux bières au QG et le pétard. Les invités des voisins repartent à trois heures du matin. Les portières claquent, le diesel chauffe. La porte cochère tremble, grince, crisse. Je saute à la fenêtre, j'ai envie de les abattre au machine-gun comme dans Taxi Driver. Je répète le coup de fil que je vais passer au gérant. Première version, deuxième version, troisième version.

Le lendemain je ne vais pas travailler. Stéphane finit par arriver du boulot. Je lui ordonne de se mettre par terre à quatre pattes pour qu'il me suce pendant que je finis de rouler un pétard. J'écarte bien les jambes pour regarder ma bite. Je suis à poil en baskets avec des chaussettes de foot bien remontées. Je lui dis de se plugger et de se mettre des pinces à seins. Je lui pose les menottes. Elles sont en cuir et il y en a une pour chaque poignet. Ce sont plus des bracelets que des menottes, elles ne font pas mal, comme ça on peut les porter pendant des heures. Après je lui pose le collier de chien en cuir noir. J'attache chacune des menottes aux anneaux qui sont là pour ça de chaque côté du collier. Avec de la corde, je relie les menottes au haut de chaque cuisse, puis aux pinces à seins. Maintenant s'il bouge quoi que ce soit il sera un peu étranglé, un peu pincé, juste assez pour que ce soit comme deux mains qui serrent, pas assez pour lui faire vraiment mal. La douleur n'est pas le but du jeu.

Je le baise par-derrière en le cravachant doucement. Je dis Fais-moi un cul bien ouvert maintenant. Il fait un cul bien ouvert. Après je dis Ferme-le là. Il le ferme. C'est vraiment bien. De dos, les mains attachées au cou, ça fait un bon quart d'heure qu'il bande à fond sans se toucher. Je lui détache une main pour qu'il me tire sur les couilles. Interdiction de se branler évidemment. Je le rattache.

Je le pousse sur le lit pour le baiser allongé. Et puis je commence à m'emmerder. Alors je lui mets un oreiller sur la tête. J'appuie. Ça m'excite. Lui aussi d'ailleurs. Il tend son cul à fond. J'appuie plus fort. Un orgasme commence à monter. J'appuie de plus en plus fort et puis je suis obligé d'arrêter parce que ça devient risqué. L'orgasme s'arrête de monter et je sais qu'il n'y a plus rien à faire pour le rattraper alors je le change de position et je le défonce pour le faire jouir et il jouit et je sors et je me branle et après je m'allonge à côté de lui sans le toucher. Je ferme les yeux. Au bout d'un moment il me demande ce que j'ai. Je dis Je voudrais descendre tout le monde, casser tous mes jouets, et rester tout seul dans le sang et crier jusqu'à ce que je meure. Il dit que ça serait bien comme scène de film.

12. Consultation

J'explique à ma doctoresse que mes t4 ont remonté. Quand je l'avais vue la dernière fois, ils étaient bas, mais j'étais hyper fatigué, je venais de déménager, j'avais quitté le mec avec qui j'étais pendant cinq ans, il menaçait de me vitrioler. Je lui dis Le problème c'est qu'avec le nouveau je m'ennuie, il ne me fascine pas, l'autre, il était fou et je l'aimais, c'est toujours le moins fou qui est fou du plus fou, et le plus fou est fou de lui-même apparemment. Elle me dit qu'on ne peut pas y échapper, c'est comme ça, soit on est raisonnable et on se met avec un normal, et on s'ennuie, soit on se met avec un fou et il veut vous vitrioler et on s'amuse. C'est comme ça. Je lui dis que ça m'a fait déprimer pendant quatre ans, mais maintenant j'ai mûri, peut-être que ça pourrait marcher avec Quentin. J'ai lu dans un magazine ce week-end que ce qui fonctionne avec les séducteurs pathologiques c'est quelqu'un d'extrêmement rassurant et qui sait rentrer dans leur jeu, avec un peu de perversité si possible. Elle me demande Où il est maintenant, il est parti ? Je dis Il est à trois cents mètres.

Elle me fait le check-up habituel, intéressée. Ma doctoresse a des yeux bleus tout ronds, la bouche ronde, très ourlée, la tête ronde et brune. Elle est jeune et assure à fond. Elle me demande des nouvelles Et votre travail ? Je lui parle de mon livre. Elle me demande Et ça a quel sujet ? Je me marre et je lui dis que c'est le même que celui de Moderne Mesclun dans Agrippine. Vous avez lu Agrippine ? Ils sont dans un café et il lui parle de ses projets et il y a, entre autres, son autobiographie érotique sur fond de grégorien-rap. Et je lui dis que le sujet c'est mon autobiographie érotique sur fond de grégorien-rap parce que quand j'écris, j'écoute Depeche Mode.

Je lui raconte que Quentin m'a écrit. Je lui dis que j'ai répondu à sa lettre au dos de l'enveloppe de son rappel d'EDF que j'ai reçu parce que l'électricité est toujours à mon nom. J'ai mis Je ne sais pas quoi répondre pour l'instant. Guillaume. Ma doctoresse observe finement que ça ne veut pas dire non.

13. Compulsion

Je vais chez Marks and Spencer à l'Opéra.
J'explore d'abord entièrement le rayon alimentation, puis je monte au rayon hommes
où j'examine les slips, et après, les soldes, je
me refrène pour n'acheter que de l'utile et du
portable. J'achète quand même deux caleçons
longs moulants thermiques bleus pour l'hiver
et puis quatre paires de chaussettes presque
noires à dix francs, coton majoritaire, deux à
dessins, deux sans dessins, et puis je trouve
une super veste d'hiver en laine gris foncé
ultra soldée pour Stéphane. Après je redescends à l'alimentation et j'achète du coleslaw et du blanc australien pas cher qui a l'air

simple et bon, et aussi des épinards frais en microwave oven bag, et des mini-saucisses cocktail fraîches à griller, deux fois six sortes différentes, une salade carrots and nuts, bean salad et coleslaw dans une triple barquette ronde, et puis du vieux cheddar orange et des muffins complets, et des légumes stir fry, soja, carottes, champignons, et du bacon fumé à la canadienne. Et des baked beans à la tomate, je prends la vraie recette, pas la Boston spicy, l'anglaise de base, celle qui se mange le matin avec les œufs et les toasts.

Marks and Spencer c'est fascinant. Il n'y a plus rien à faire soi-même. Tout est préparé, les sandwiches œuf-cresson, le poulet tikka en boulette, les brochettes de saumon irlandais, le cocktail de crevettes, le coleslaw, les légumes lavés et coupés à frire, les pâtés au porc, les fromages carrés. Il n'y a que les gâteaux qui font vraiment tache. Même les cakes ont l'air moyen. Question de génération, les acheteurs sont sûrement plus branchés pousses de soja et salades de tomates cerises que mince pie et pudding. Je rentre comme un con en RER avec mes tonnes de courses. Bientôt il y aura Marks and Spencer à l'Hôtel de Ville. Ce sera bien.

Une fois à la maison je range le frais au frigo et puis je mets un des caleçons et je fume un pétard et je me branle et puis je dors. Je me réveille quand Stéphane tourne sa clef dans la serrure. Je l'envoie essayer sa nouvelle veste dans le salon avant qu'il ne soit tout nu. La veste lui va très bien, je le savais, elle a la même coupe que la bleue et la verte qui lui vont très bien. Il ne pourra pas dire que je ne m'occupe pas de lui.

14. Living in the ghetto

Dimanche soir à la Loco je suis tombé sur Tom. Il m'a dit que son ex était mort. C'est seulement en rentrant que j'ai pensé à l'inviter à dîner en plus de deux copains de Stéphane prévus pour le lendemain. J'ai laissé un message sur son répondeur en rentrant des courses. Il a rappelé pour dire qu'il venait. Pendant le dîner Stéphane a appris qu'un type qu'il connaissait de l'ASMF est mort. Ça l'a flippé mais il ne m'en a parlé que le lendemain.

Les invités sont partis. J'étais chaud, on avait bu cinq bouteilles à cinq. J'ai dit à Stéphane J'ai envie de te baiser dans un sling au bordel.

Il s'est lavé le cul avant de partir, j'ai pris des capotes et de la xylocaïne. J'étais déjà déprimé. On est arrivés. Je l'ai baisé sur un sling dans une cabine, les chaînes avaient deux anneaux en trop qui faisaient gling, gling, gling, le sling était un peu trop haut, il fallait que je me mette sur la pointe des pieds pour arriver à rentrer en profondeur. Je bandais mou, puis plus dur, puis plus mou, puis plus dur. Ça a duré une bonne demi-heure comme ça. J'ai dit Bon on va finir à la maison c'est plus confortable. Je n'ai pas dit un mot dans la voiture. On est remontés. J'ai roulé un pétard en silence. On a recommencé. Je débandais. J'ai fini par lui dire un tas d'horreurs. T'es pas excitant, tu me surprends pas, tu me fais mal les seins, je m'emmerde dans ton cul, excuse-moi en ce moment je suis déprimé, je préférerais que tu me baises. Ou alors je te baise sans capote. Il m'a dit Baise-moi sans capote. J'ai rebandé instantanément. J'ai pensé De toute façon je ne mouille pas et puis je peux sûrement éviter de lui gicler dans le cul. Je suis rentré. Au bout de cinq minutes évidemment j'avais envie de jouir alors que d'habitude avec une capote ça ne vient jamais tellement je reste à distance. J'ai dit J'ai envie de jouir. Il a dit Vas-y. J'ai dit Je pense qu'il vaudrait mieux attendre le résultat de ton test. Le test, il ne l'a jamais fait. Il est persuadé qu'il est séropo de toute façon. C'est moi qui l'ai poussé à le faire. J'ai dit On fera ça plus tard. Je suis sorti et j'ai giclé sur son petit cul de chienne.

La semaine d'après, le test est négatif. Je me dis que j'ai bien fait de ne pas jouir dans son cul. Et puis je me sens seul. Déçu. Et puis seul.

15. People are still having sex

Je vis dans un monde merveilleux où tout le monde a couché avec tout le monde. La carte s'en trouve dans les revues communautaires que je lis assidûment. Bars. Boîtes. Restaurants. Saunas. Minitel. Rézo. Lieux de drague. Et tous les numéros de téléphone et les adresses et les prénoms qui vont avec. Dans ce monde chacun a baisé avec au moins cinq cents mecs, en bonne partie les mêmes d'ailleurs. Les mecs qui sortent. Mais les réseaux ne se superposent pas exactement. Les mecs sont plutôt bars. Plutôt boîtes. Plutôt bars-boîtes. Plutôt sauna. Plutôt rézo. Plutôt minitel. Plutôt bruns. Plutôt blonds. Plutôt musclés. Plutôt hard. Plutôt baise classique. On a le choix. Beaucoup de choix. Et personne ne souhaite fonder une famille. On est un, ou deux, pas plus, dans ce monde, sauf quand il y a pour un temps plus ou moins long un esclave à la maison. Je trouve ça bien toute cette invention. J'ai un copain qui a mis ses deux mains autour d'une de celles de son mec dans le cul d'un type assez connu dans le milieu, qui est par ailleurs percé des tétons et de la queue, et pourvu d'un matériel impressionnant, dont il fait profiter assez largement.

Comme moi avec celui que j'ai à la maison, dans un petit placard de la chambre, sur cinq niveaux. Tout en haut il y a les trucs encombrants : deux paires de chaps, une en cuir, une en latex, avec un pot à lavement et son tuyau, plus un énorme gode conique pour s'asseoir dessus. En dessous, il y a les godes et les plugs, rangés par taille sur deux étagères : deux gros plugs, quatre petits, quatre godes doubles, huit godes simples. En dessous il y a le petit matériel, accroché à des clous : cinq paires de pinces à seins différentes, des pinces à linge, un parachute pour les couilles, un collier de chien, deux cagoules, une en cuir, une en latex, six cock-rings, en acier, en cuir, simples ou avec serre-couilles incorporé, deux étuis à bite, un simple en cuir ajustable et un à pointes épatées, ça c'est un peu folklorique, une cravache, un martinet, un bandana noir et un rouge, pour bâillonner ou attacher, un bâillon-tube évidé pour pouvoir pisser direct dans la gorge, un bâillon à boule, la boule peut se gonfler, des pinces à seins montées sur un Y en cuir extensible qu'on peut relier à un cockring, comme ça, ça tire sur les seins depuis le paquet, un ball-stretcher plombé, pas trop lourd, trois cents grammes, pas trop large non plus, trois centimètres (ça se place entre la queue et les couilles ou bien en cockring normal), deux paires de menottes en cuir, un collier de cuir avec menottes qui peuvent se porter dans le dos ou sur le ventre, ça dépend de quel côté on le place. Tout en bas il y a encore des trucs encombrants : une barre de fer à écartement réglable avec des menottes en cuir aux extrémités, un harnais en cuir, deux paires de rangers, mes bottes allemandes.

Ça fait des années que j'achète des trucs comme ça. Beaucoup. J'en ai balancé plein d'ailleurs, des trucs que j'avais achetés sans savoir, des godes trop rigides ou trop biscornus, des cockrings trop serrés, des pinces trop fortes. Je n'ai gardé que ça. Le strict nécessaire. J'ai à portée de main tout ce qu'il faut pour m'en servir. De l'alcool. Du shit. De l'acide. De l'exta. De la coke. De l'herbe. Du poppers. Des revues de cul. Des k7 de cul. Un polaroïd.

Certains éléments servent plus que d'autres. Je les aime tous. Ils sont comme des parties de moi qui viennent se poser là où je l'ai décidé et y maintiennent mon emprise. Mais c'est aussi leur office de servir le corps. Cagoule collier bâillon pinces à seins menottes godes cockring étouffe-queue parachute menottes. Tête cou bouche tétons poignets bras cul paquet queue couilles chevilles jambes. Tout est mobilisé. Prêt à maximiser l'effet de la bite dans la bouche ou dans le cul, les coups de cravache sur le cul, les jambes le dos les épaules les bras les mains les pieds les couilles la queue. Ça ne fait jamais mal quand c'est bien fait. Je ne suis pas sadique.

Seulement un peu mégalomane. Ça ne fait pas de marques. De toute façon tout ce que je fais, tout ce dont je me sers a été préalablement essayé sur moi. Alors tout se passe bien. Même les gros godes ressortent sans un filet de sang, même ceux qui sont plus gros qu'un poing et qui passent après le deuxième sphincter. Je suis devenu très conscient de mon corps, de son extérieur comme de son intérieur, grâce à ça, je pense. Je travaille. Mes seins, mon cul, mes éjaculations, mes prestations.

Je me demande si c'est sinistre ou si c'est bien. Je pense à ce que Jeanne Moreau dit à sa nièce dans un film américain où elle est vieille et extravagante. Elle lui dit Non, je ne pense pas que tu es stupide. Je pense que tu as perdu espoir. Il faudrait ne rien faire. Absolument rien. En attendant que l'espoir revienne. Comme si elle était sûre que ça revient toujours. Peut-être qu'elle a raison. J'ai essayé hier soir. Au lieu de faire du minitel ou d'aller boire un verre dans un bar comme d'habitude, j'ai attendu. Au bout de quelques minutes effectivement, l'espoir est revenu. Il est revenu par la jambe gauche, je l'ai senti. Un apaisement musculaire. Tous les pédés que je fréquente font de la muscu. Sinon ils font de la natation. Ils sont presque tous séropositifs. C'est fou ce qu'ils durent. Ils sortent toujours. Ils baisent toujours. Il y en a plein qui font des trucs, des méningites, des diarrhées, un zona, un kaposi, une pneumocystose. Et puis ça va. Certains sont seulement un peu plus maigres. Ceux qui font un cmv ou d'autres trucs plus flippants, on ne les a pas vus en général depuis déjà un bout de temps. On n'en parle pas. Aucun de mes copains proches n'est mort cela dit. Quatre mecs avec qui j'ai baisé sont morts, je le sais. J'en soupçonne d'autres. Pas beaucoup. Les gens ne meurent pas beaucoup apparemment. Il paraît que le sida évolue vers un truc comme le diabète. Que tant que la sécu aura des sous, on nous soignera tout ce qui se présente. Il n'y a pas de souci à se faire.

Ça fait quelques années maintenant que je suis entré dans ce monde. J'y passe la plupart du temps. Moi aussi je préfère aller en vacances à Londres plutôt que de découvrir Budapest.

Budapest, ça sera pour plus tard. On est bien dans le ghetto. Il y a du monde. Il y en a tout le temps plus. Des pédés qui se mettent à baiser tout le temps et à ne plus aller aussi souvent qu'avant dans le monde normal. À part bosser, en général, et voir sa famille, tout peut se faire sans sortir du ghetto. Sport, courses, ciné, restau, vacances. Il n'y a pas de ghettos partout. Il y a Paris centre. Il y a Londres, Amsterdam, Berlin, New York, San Francisco, Los Angeles, Sydney. L'été, il y a Ibiza, Sitges, Fire Island, Mykonos, Majorque. Le sexe est la chose centrale. Tout tourne autour : les fringues, les cheveux courts, être bien foutu, le matos, les trucs qu'on prend, l'alcool qu'on boit, les trucs qu'on lit, les trucs qu'on bouffe, faut pas être trop lourd quand on sort sinon on ne pourra pas baiser. On rentre rarement seul si on persiste jusqu'à tard et qu'on n'est pas trop déprimé. Si on ne se dit pas qu'on s'est déjà fait tous les mecs bien qui sont sur place. Ou tous ceux qu'on sait qu'on peut se faire. Mais souvent on peut se faire ceux qu'on pensait ne pas pouvoir se faire. On progresse.

Hier soir, Stéphane récupérait du week-end, je ne pouvais pas dormir comme d'habitude quand je ne suis pas exténué. Je me demandais si j'allais habiter seul ou réemménager avec Stéphane dans trois mois. J'ai donné mon préavis, je ne supportais plus l'appartement. Il y a ce projet d'avoir une terrasse que je ne pourrai jamais me payer si je vis seul. J'ai commencé à trier mes revues de cul en déchirant toutes les pages que je trouvais bandantes. J'ai fait un tableau avec sur le sol du salon. Six mètres carrés de photos de bites, quelques culs aussi, mais surtout des queues, dont la plupart bandent, plutôt belles. C'était pas mal. Quand j'ai eu fini, je me suis assis dans le canapé et je me suis branlé en regardant ça, en buvant une heineken et en sniffant du poppers. Après, vers trois heures, je me suis couché. Je vis dans un monde où plein de choses que je pensais impossibles sont possibles.

DEUXIÈME PARTIE

1. Le beau Serge

On l'a rencontré au Queen, assez tard, à l'heure
où il n'y a pratiquement plus que les enragés.
Un peu chauve. Un mètre quatre-vingt-cinq,
quatre-vingts kilos. Hyper bien foutu. Un
sourire perpétuel à base de dents blanches et
régulières. Suffisamment jeune. Belle gueule.
Visiblement explosé à un truc de très bonne
qualité. D'abord on s'est regardés. Puis j'ai
dansé en me collant à Stéphane pour l'exciter.
Il s'est aggloméré. On s'est donnés en spectacle
sur la piste, en faisant semblant de tous se baiser. Ça l'a fait gonfler. J'ai senti qu'il y avait la
quantité. Après on s'est décollés. On a échangé
trois mots dans le vacarme de la musique. J'ai

envoyé Stéphane nous chercher à boire. Je lui ai dit Putain j'ai super envie de te pomper. Il a dit Pas de problème. Il m'a entraîné vers les chiottes. Je me suis dit C'est cool il sait ce qu'il veut. J'ai suivi sans résistance. Aux chiottes ça bloquait, il y avait la queue pour entrer. J'ai dit Bon on fait quoi. Il m'a emmené dans l'angle mort juste à côté de l'entrée. Il a tourné le dos à la piste. Je me suis laissé glisser à genoux par terre. Il a sorti sa super belle bite et je l'ai prise dans la gueule en me branlant pendant cinq minutes. C'était cool. Après j'ai dit Bon il y a mon mec qui nous attend il faut qu'on y aille ok? Il a dit Ok. Stéphane attendait au bar avec les verres, toujours très cool comme d'habitude.

On s'est assez rapidement mis d'accord sur la marche à suivre. D'abord on passe chez lui prendre une nouvelle drogue américaine que je ne connais pas et qui est paraît-il super pour baiser, et après on va à la maison puisque chez nous il y a du matos et pas chez lui. Je suis déjà à peu près persuadé que ça va être une galère à cause de ce dernier détail, mais il est tellement canon que je ne peux pas imaginer une seule seconde de ne pas me le faire alors que c'est possible.

Chez lui c'est top. Appart style loft. Télé et baffles dans les chiottes. Meubles classe. Une enveloppe adressée par une chaîne de télé traîne sur le plan américain extra-large de la cuisine. Il met de la trance très fort. Le son est super. On goûte sa poudre. Au bout de dix minutes on est ultra explosés. Il faudrait filmer. On se dessape. Il est sublime. Super bite, très large et longue, grosses couilles pleines de peau. Je le suce. Je lui bouffe les couilles. Il me claque le dos, le cul. Il joue au macho. Ça me plaît. Il fait Tu es une vraie salope, toi, une vraie. Tu me fais bander. Je vérifie. Il exagère. Je suis sûr qu'il ne va pas me sauter mais tant pis. Aux chiottes il y avait une vieille boîte de prophyltex pleine, et prophyltex c'est beaucoup trop serré pour une queue comme la sienne, s'il s'en servait régulièrement dans un cul il aurait des manix large. Ce qu'il y a de bizarre aussi c'est une paire d'escarpins très classe par terre à côté du miroir dans sa chambre. Mais c'est la seule trace de femme dans l'appart. Il est peut-être bi ce con prétentieux. Il me regarde dans les yeux. Je le regarde pareil. On sourit. Il me dit Me regarde pas comme ça, sinon je vais t'épouser. Je lui dis C'est pas de ma faute, c'est comme ça. Il fait Wow wow wow! en tapant dans ses mains pendant que je claque le cul du chouchou pour mettre une ambiance un peu plus sexe. Et puis le chouchou est trop stone et s'endort sur le parquet son fute en cuir aux chevilles. C'est sûr que ce Serge me plaît, c'est comme si j'étais amoureux. Le problème c'est qu'évidemment il ne me baise pas. Juste un coup de queue ou deux, sans capote, comme ça, dans la cuisine aux fenêtres ouvertes, après avoir cassé l'antenne de son téléphone sans fil en essayant de me la mettre dans le cul. Visiblement ce mec n'a pas l'habitude de baiser. Il est vrai qu'on ne peut pas tout faire dans la vie. Il me dit plusieurs fois qu'il est désolé qu'il est trop stone. Je lui dis C'est pas grave.

Il s'endort sur le canapé pendant que je le suce. La chaîne joue de l'opéra maintenant, ça doit être ce qu'il écoute d'habitude. Je reste seul, je vais dans sa chambre, je mate les quelques livres, une méthode pour avoir un corps parfait et comment l'entretenir sous la table de chevet, les k7 vidéo sous la télé en face du lit, pas de pornos ou alors ils sont bien cachés, une commode de slips, caleçons, chaussettes, foulards. Tout est parfait. Les slips sont parfaits. Les caleçons sont parfaits. Les chaussettes sont parfaites. J'essaye un slip bleu pas mal, puis un jock-strap, j'avais presque le même, pas bien, puis un vieux nikos hyper bien coupé qui me va super bien. Je le mets dans mon blouson, puis je cherche un contenant pour la poudre. Je trouve une boîte de pellicules vide sur son bureau. Je prélève mon petit cadeau. Je bouffe une tranche de pain de son. Il n'y a rien d'autre dans le frigo. L'opéra tourne toujours. Je réveille Stéphane. Ça va ? Il est ok. Je laisse un mot pour le beau Serge, avec notre numéro de téléphone. Dehors il fait beau. Je mets mes lunettes de soleil. Les rues s'animent déjà. On rentre. Stéphane conduit. Parking. Pains au chocolat. Croissants. Le fils du boulanger est toujours notre fan. C'est bon de rentrer à la maison. Alors on fume un pétard. Et je baise Stéphane.

Il appelle vers sept, huit heures du soir. allô, c'est Sergio man. C'est comme ça que je l'avais appelé dans le mot. Il va à un dîner mais on peut se retrouver plus tard. Il est bizarre. Il dit Je rappelle à minuit. Bon c'est normal, à trois c'est toujours un peu compliqué. Pour une fois qu'il y a quelqu'un qui m'intéresse. Qui m'impressionne. Le salaud. Je suis sûr qu'il ne va même pas rappeler.

Il rappelle, mais à une heure et demie. Ça s'annonce mal. Il s'excuse. J'abrège. Son dîner n'est pas fini, est-ce qu'on peut se retrouver à trois heures aux Folies, en fait non plutôt à trois heures et demie ? Je dis Ok. Je raccroche. Je dis à Stéphane Bon j'ai trop envie de baiser juste une fois pour de vrai avec lui. Il faut que j'y aille. Stéphane dit que ça n'est pas un problème.

2. Rendez-vous

Je suis aux Folies Pigalle. Il y a une fille très belle avec un t-shirt rose vif ultra moulant marqué Babie en argenté. Elle danse hyper bien. Elle est aussi flash qu'un pédé ou qu'un black. Il est trois heures. J'ai pris un quart d'acide, trois lignes de coke, fumé deux pétards et bu une bière à la maison avant de sortir. Défoncé, mais pas trop. Je cause avec le taxi. À la porte des Folies, il y a un mec avec qui on avait fait un plan à trois avec Quentin il y a des années. Il me dit Salut t'es avec quelqu'un? J'ai un coup de parano, je ne comprends pas ce qu'il veut dire, je lui dis Non je suis seul, tu me laisses entrer? Il a l'air un peu surpris, mais il doit voir que je suis stone. Une fois rentré je me dis Évidemment qu'il ne va pas jeter quelqu'un qu'il connaît, et je me dis Putain c'est sympa, je connais le portier des Folies. Ce genre de truc m'impressionne. Je sais c'est nul. Après à l'entrée, il y a un des organisateurs, un chinois hyper grand et maigre qui fait par ailleurs des t-shirts provoc. Je l'ai croisé à un fashion show où m'a emmené mon copain Georges. Le Chinetoque se plie en deux sur moi pour me faire une bise molle. Salut! Je me paye une bière. Je fume une clope. Je danse.

Ce soir je ne connais absolument personne à l'intérieur. Aucun pote, coup, personne avec qui j'aie déjà échangé plus de deux phrases. Ça me stresse un peu. En plus l'acide est fort. Ça me fait mal au dos et ça me tire sur les zygomatiques et je suis hyper speed et de temps en temps j'ai un peu le souffle court et des bouffées de chaleur. Je me calme en me disant que c'est toujours comme ça l'acide. Il y a aussi les côtés positifs, la lumière et les couleurs sont à peu près dix fois plus réelles qu'en réalité. Comme je fais un bon trip je ne peux pas penser plus de deux secondes à quoi que ce soit de désagréable. Ma seule véritable préoccupation c'est ce que je ressens et la nécessité absolue de bouger pour me décharger de l'énergie vraiment excessive que ça me donne.

Trois heures seulement. J'ai décidé d'y aller à deux heures et demie pour être sûr de ne pas le rater. Ça me plaît de faire la midinette. La musique est bonne, le son est meilleur qu'avant, alors je danse. Quand je prends de l'acide ça me détend le dos de danser. D'abord je me chauffe, et puis quand je suis bien chaud je monte sur le podium, j'enlève mon t-shirt, je danse torse nu, en jean, bretelles sur les cuisses, rangers. C'est bien d'avoir de grosses chaussures quand on a tendance à tituber.

Et puis la musique devient moins bonne, trop hard-core. Je redescends. Je suis trempé de sueur. Je vais aux chiottes me rafraîchir. Long couloir rose. Il y a des beurettes qui excitent d'autres beurs. Une nana prétend qu'elle peut pisser comme un mec, à l'urinoir. Je n'arrivais pas à pisser de toute façon, alors je me dégage pour qu'elle nous montre. Elle y va, elle se débraguette, et puis elle se dégonfle. Ça jacasse un peu agressif, c'est la drague beur. Je vais me vider dans les chiottes fermées qui se dégagent à ce moment-là. Je me dis qu'ils n'auraient pas dû les laisser entrer, ça ambiance bizarre avec les beurs.

La soirée est hyper réussie je trouve. Il n'y a que des beautiful people qui dansent bien, tout le monde a l'air émerveillé, total défoncé ou bien très nouveau dans le monde de la nuit, ou même les deux. Rien à draguer. Trop fashion. Enfin sous acide ça passe. L'acide je n'aime pas trop ça, je trouve que c'est trop fort, mais bon il faut reconnaître que ça donne bien la pêche. Dès que la musique est un peu moins trance hard-core, je redanse à fond. Le dj est hyper fort, il enchaîne deep disco remue-du-cul, trance plus poussée, jusqu'à ce que ça soit vraiment un peu trop, on commence à se démobiliser, hop ça recommence. Les mecs crient de douleur quand il casse le rythme exprès au milieu du mix. Je fais une pause. Escaliers. Coursive. Bar. Je suis couvert de sueur, un peu hard pour l'endroit, on ne me sert pas tout de suite, mais finalement c'est ok, le gin-get est copieux.

À quatre heures moins dix il n'est pas venu. Je ressors seul. Je fais le tour de la place Pigalle. J'ai la rage. À l'entrée du Transfert le portier me sourit. Stéphane est là, avec ses grands yeux doux et un débardeur de salope échancré jusqu'aux tétons. Je lui roule une pelle et puis je dis Ça va minet? Il dit Non, je m'emmerdais un peu. C'est le bordel. L'anniversaire du Transfert. Rien de pire que la fête dans un endroit sm. Du gâteau passe dans des petites assiettes en papier. Personne n'en veut, mais les mecs les plus près du bar se forcent pour être polis. Le barman fait sa crise Vous n'en voulez pas du gâteau messieurs? Eh bien je vous signale qu'il y a plein de gens dehors qui en voudraient.

Je fais un tour au fond de la backroom, je suce un peu le skin qui traîne à poil dans le lavabo à pisse, mais en fait ce qu'il veut c'est que je lui pisse dessus, et j'ai pas envie de pisser. Je me casse. Je me fais un peu embrasser, faire les seins par deux autres mecs. Je fais pareil. Le

mec en face de moi me met deux doigts dans le
cul. Je me reculotte. Je me retourne. Il y a un
mec en face de moi que je connais, mais ça ne
s'est pas fait. Il sort tout le temps mais il ne baise
pas beaucoup je crois. Il regarde ma queue, je
me branle un peu devant lui pour me marrer.
Après ça je discute avec un petit skin qui res-
semble à une souris. Il est hyper doux. Je lui
dis Tu me donnes envie d'être méchant. Il fait
Ah oui ?, plein d'espoir. Mais je ne suis pas très
convaincu, je ne le trouve pas assez salope. Il le
sent aussi, et on se laisse. Je retrouve Stéphane
au bar. On se prend des giclées de champagne
dans la gueule. Ça commence à devenir lourd.
On décide de se casser.

Je suis nase dans la voiture. Stéphane me dit
cinq ou six fois qu'il a envie de sexe. Je ne
réponds pas. À la maison quand on se dessape,
la moquette autour du lit se couvre de confet-
tis. Je dis à Stéphane Si tu veux te faire baiser
je peux le faire. Il n'a pas l'air d'y croire. Je
demande Est-ce que t'as le cul propre ? Il dit
Oui. J'attrape une olla, on n'a plus de manix
large, mais olla j'aime bien, c'était celles qu'on

utilisait du temps de Quentin. Elles sont assez épaisses, mais très souples et douces. Je le tire d'abord dans les chiottes, debout devant la cuvette, je lui fais mettre la tête dedans et je le baise. Puis je le ramène dans la chambre et je le baise au lit par-devant, puis par-derrière. Ça dure longtemps, et c'est vraiment pas mal, je rentre et je sors, son cul fait flotch, flotch, flotch très fort, il râle, ramassé sous moi. Je commence à débander parce qu'il est trop large. Je continue encore un moment. Et puis il faut qu'on arrête parce que j'ai trop débandé. On va se laver les mains. Je lui propose de me baiser. Il dit qu'il a envie de pisser. Je me fous dans la baignoire et il me pisse dessus et puis je ne me lave pas et on retourne sur le lit, de toute façon le drap est déjà bien avancé. La baise est super. Profonde. Longue. Je me laisse baiser comme jamais. Je trouve qu'il assure de plus en plus. Et puis il devient évident qu'on est trop stone pour arriver à jouir comme ça. Je cherche ma montre. Il est dix heures, ça fait quatre heures qu'on baise. On se finit à la paresseuse, il me bouffe les couilles, je jouis et puis je lui propose de lui travailler le cul de la main gauche parce

que la droite est pleine de sperme. Il explose.
On fait un câlin. Je roule un dernier pétard. Il
s'endort. Je fume la moitié et puis je me rends
compte que je perds conscience alors je pose le
pétard et je m'endors.

Au réveil je suis vert du lapin d'hier. On
regarde la télé. J'essaye de résister et puis je
finis par appeler Serge vers sept heures du
soir. Répondeur. Je parle au cas où il filtre. Il
décroche.

– Oui ?
– Salut c'est Guillaume.
– Salut, ça va ?
– Non.
– Ah… Je suis avec des gens là. Avec ma maman.
– C'est bien.
– C'était bien hier soir ?
Je réfléchis.
– C'était décevant. C'est-à-dire que je ne savais
pas que tu n'allais pas venir.
– Moi non plus je ne savais pas que je n'allais
pas venir.
Silence.

– Bon, je reprends, tu es avec du monde et puis je n'ai pas grand-chose d'autre à te dire. C'est à toi de voir.

– Je te rappelle.

– Ok.

Je raccroche. Ce mec m'écœure. Je dis à Stéphane Tu te rends compte qu'il me pose un lapin et que c'est moi qui le rappelle ? Mais c'est aussi ça qui est bon. D'être impressionné. De le montrer. Comme une salope. Mais pas trop. J'étais content de C'était décevant. J'espérais qu'il avait compris que je voulais dire à la fois qu'il était décevant et que j'avais été déçu. Je voulais qu'il ait un peu les boules. Mais en même temps je voulais toujours me le faire. Sa peau ultra douce. Ses muscles parfaits, ni trop ni trop peu. Beau.

3. Excès

Ce week-end la cousine de mon amie M. est morte. Elle était brûlée au troisième degré depuis un accident l'année dernière. Jojo, le type qui donnait un coup de main à ma mère pour le jardinage, s'est tiré une balle dans la tête. Terrier est en cure de repos à la campagne après une tentative de suicide. Tout va bien.

Jeudi soir je suis ressorti seul. Stéphane dormait, épuisé par le cumul du boulot et du rythme que je lui impose. Moi j'étais ultra réveillé et en forme, évidemment je m'étais levé à une heure de l'après-midi. Je n'ai rien pris avant de sortir. Je suis allé au QG. Personne. Puis dans une groove party semi-déserte près de chez moi. Après ça il était l'heure d'aller au Queen. Soirée mecs ce soir. Disons un peu plus mecs que d'habitude. Je connais les têtes. Je danse. Je cause. Un vieux, un grand black américain de quarante-cinq ans, me dit qu'il a de la coke qu'il a apportée des States. Je me dis que ça risque d'être de la bonne. Je demande si je peux goûter. Il dit que pour ça il faut aller chez lui. Je finis par prendre un taxi pour l'avenue de la Grande-Armée.

Quatre autres blacks, plus jeunes et plus mignons, jouent aux cartes dans le salon. Il me dirige droit vers sa chambre pour ne pas que je me les tape, le vieux briscard. Ok. On prend beaucoup trop de coke sur un coin de sa carte professionnelle. Normalement la coke ça speede mais quand on en prend vraiment beaucoup, disons plus d'un demi-gramme en peu de temps, ça a plutôt tendance à amortir, un peu comme l'héro mais en moins grave. Je m'en fous je suis là pour ça, et en plus le vieux est de plus en plus stone et ça m'arrange parce que je n'ai pas vraiment envie de baiser avec lui. Je roule un pétard avec le bout de shit que j'avais pris sur moi au cas où. On fume. On boit une bière. On reprend de la coke. I want some head and I want some tail, il dit. Je suce pendant longtemps sa grosse bite noire à moitié bandée. Il est ultra stone, et moi aussi. Finalement c'est cool de baiser comme ça, trop défoncés. Il me suce aussi pendant un bon moment. Je me laisse aller. Je le resuce. Je redemande de la coke. On en reprend. Il me lèche le cul. Et puis il dit qu'il veut me baiser. C'est sans capote bien sûr, vu l'ambiance et la faiblesse de son érection. Je me dis que même sans ce n'est pas très risqué, de toute façon il n'arrivera jamais à jouir. Are you hiv positive ? je demande, les jambes en l'air. L'ours Baloo me répond Yeah. Il a un mal fou à rentrer sa bite mais il finit par y arriver. Il me baise quand même un petit moment. Je pense qu'il a dû être un très bon coup, avant. On arrête parce qu'il débande trop. Je lui demande une bière. Pendant qu'il est parti je pique un jock-strap noir usé de chez Gazelle New York qui traîne par terre.

Je suis rentré à six heures du matin, après être passé au Transfert où il n'y avait plus personne. J'ai commencé à me goder dans la salle de bains en m'asseyant sur le maxi butt-plug que j'ai qui fait trente centimètres de haut et trente de diamètre à la base. Je savais très bien que je n'allais pas l'avaler, d'ailleurs je ne connais qu'un seul mec qui y arrive, c'était seulement parce que j'avais la flemme et que c'est le seul gros truc qui tient debout tout seul dans ma collection. Ça marchait moyen parce qu'au bout d'un moment ça fait mal au coccyx, mais je faisais quand même pas mal de bruit avec mon cul. J'ai entendu Stéphane bouger à côté dans la chambre. J'ai dit Tu dors ? Il a répondu Non. J'ai continué à me branler. Il est arrivé dans la salle de bains. Il a eu l'air effondré quand il a vu ce que je faisais. J'ai dit Ça va ? Il a fait Oui de la tête. J'ai dit Ça t'ennuierait de me goder parce que là j'arrive à rien. Il a dit Non. J'ai dit Bon alors on y va. J'ai embarqué une serviette, choisi les ustensiles. Je n'ai pas roulé de pétard pour ne pas trop abuser. J'ai décidé de commencer très gros. Défoncé comme j'étais, avec un bon coup de poppers je savais que ça allait passer, donc j'ai sélectionné le moulage de la bite de Kris Lord (25 × 18) et puis le double énorme de San Francisco qui est plus gros qu'un bras. Ça a été super. Il m'a d'abord hyper bien baisé avec le lord. Après j'ai demandé à changer. Non seulement le monstre est rentré sans problème mais j'ai pu me faire ramoner avec pendant dix bonnes minutes. J'ai dit que ça venait. Il l'a retiré. Je me suis giclé partout en faisant des soubresauts. Comme il était sept heures, Stéphane est allé bosser. J'ai dormi.

4. Un peu de douceur

Vendredi dans la journée, je suis allé bosser avec M, qui avait son petit cousin de trois mois chez elle, le fils de la morte. Je l'ai pris dans mes bras. Je me suis aperçu, quand il s'est mis à avoir confiance, qu'il me regardait comme Stéphane me regarde. Ça m'a plu. Après je suis rentré à pied par les quais. Après j'ai baisé Stéphane. C'était la première fois que je le rebaisais après une semaine d'abstinence. J'avais une super trique. Je lui ai mis un doigt puis deux et puis je suis rentré du premier coup jusqu'à mettre mon gland après le deuxième sphincter. Comme avec Terrier, mais en mieux parce que j'ai fait pas mal de progrès en neuf mois. C'était vraiment super.

Après on est allés dîner dehors et puis on est sortis au Queen. On est arrivés vers trois heures, un peu tôt pour rentrer sans faire la queue, mais j'ai la cote avec Sandrine à l'entrée. Donc je me ramène très cool, je ne doute de rien, mais il y a quand même de l'embrouille, trop de monde, des mecs se sont fait jeter, les videurs m'arrêtent. On ne vous a pas dit d'entrer monsieur alors restez là. Bon, je m'en fous, je sais que ça va aller. Et Sandrine fait Ok, le ok qui veut dire qu'en plus on passe sans payer à côté des blaireaux, et puis on descend. C'est ultra bourré de monde, il y a la queue au bar, la queue aux chiottes, foule, la musique est excellente, j'ai presque tout le temps envie de danser. Je suis juste un peu étonné de ne pas être stone et de faire ce que je fais.

Dimanche soir. Terrier me raconte au téléphone que maintenant sa pharmacienne lui donne son xanax sans ordonnance. Et aussi qu'il s'est fait un iranien hyper mignon qui habite juste à côté de chez moi, qui l'a, dans l'ordre, fisté (c'était la première fois de sa vie), godé, baisé. Le mec lui a carrément pissé dessus pour finir. Je lui dis

J'estime que tu devrais me donner son numéro de téléphone. Il me répond qu'il ne l'a pas pris. Je lui dis que c'est bien lui, ça. Il me dit Non tu vois, à sept heures du matin, on était cassés à la bière et au shit, le mec m'a proposé de dormir chez lui, j'ai préféré rentrer. Je demande Et tu ne lui as pas demandé son tel? Il dit Non je lui ai pas demandé son tel parce qu'il me l'a filé sans que je lui demande mais je l'ai balancé en rentrant. Je dis C'est pas vrai? Il dit Si. Je dis Tu es vraiment dingue. Il dit Non je ne suis pas dingue, je l'ai jeté parce qu'il ne me plaisait pas assez, c'est tout. On débat quand même pour le principe sur la question de savoir s'il aurait dû me filer le numéro de téléphone s'il l'avait eu.

Terrier est en forme en ce moment. Il a arrêté le prozac et un autre truc et ne prend plus que du xanax parce que sinon il tremble. Il sort tous les soirs. Je lui dis que je trouve qu'il faut du courage pour se glisser, seul, dans la nuit, pour aller faire on ne sait pas quoi avec on ne sait pas qui. Il me raconte que bientôt il doit aller à Dieppe revoir son coup de quarante ans qui a un château. Aujourd'hui le mec lui a demandé d'aller se renseigner pour les Antilles, quinze jours en octobre. Le mec ne l'a pas sauté pour l'instant, il l'a seulement godé. C'était bien, paraît-il, il a le matos qu'il faut : pinces, godes, chaps en latex, slip en cuir. Terrier me dit Ouais mais je le trouve trop féminin et j'aime pas ça, moi il me faut un mec plus solide.

On parle encore un peu et puis je me dis que Stéphane en a peut-être marre de m'entendre m'éclater avec son prédécesseur alors j'abrège. Terrier et moi, ça va en ce moment. Il s'est fait à l'idée qu'on ne vivrait plus ensemble. Il n'arrose plus mon paillasson d'essence de térébenthine, il ne se taillade plus la gueule à coups de rasoir (mais en fait il avait fait ça avec tellement de soin que c'était de simples estafilades qui avaient cicatrisé en cinq jours). Enfin ça va. On va pouvoir retourner suivre des visites guidées de Paris le jour. Je préfère ne plus l'emmener choisir des films de cul au sex-shop pour des raisons que j'aurais dû voir dès la première fois. En fait je savais que ça n'était pas un truc à faire. Mais ça m'avait excité de le torturer un peu.

Je me rapproche de Stéphane dans le lit. Il se love dans mes bras. Je lui dis Tu es comme un croissant. Il me dit Au beurre ou ordinaire? Je lui dis Au beurre. Il me dit Mais je suis aussi un peu ordinaire. Je lui dis C'est vrai, mais tu es intelligent. Alors, ça passe.

Il est minuit. Stéphane dort. Demain c'est lundi et il se lève tôt comme d'habitude. Je le regarde. Je le trouve hyper beau ce soir. Il n'a pas beaucoup dormi la nuit dernière. Après le Queen on est passés au Transfert et on a ramené à la maison un très beau mec brun tbm, ce qui fait qu'on s'est couchés à huit heures. Il s'est levé à onze heures pour aller déjeuner chez sa copine H. Comme il ne l'avait pas vue depuis un an, il n'a pas voulu décommander. Il est rentré vers cinq heures. Il m'a dit qu'elle l'avait trouvé changé, en mieux. Qu'elle lui avait demandé comment ça se passait avec moi. Qu'il lui avait dit Il m'emmène au bord du gouffre, et puis on part en deltaplane. Il dit que H lui a dit que je devais être un mec bien. J'ai tressailli. Je n'ai rien dit.

Je me tords dans le lit sans pouvoir dormir en pensant à Serge. Comme s'il avait pris la place de Quentin. J'ai envie de l'appeler encore. De lui dire J'ai envie de ta gueule. J'ai envie de ta peau. Que ça lui fasse quelque chose. Qu'il me dise de venir. Je trônerais sur son lit avec la télécommande, face à la grosse télé. On se chercherait. Les démons.

5. Problèmes

Stéphane revient de chez son copain oph-
talmo. Les étoiles noires qu'il a devant les
yeux depuis deux semaines, c'est un décol-
lement de la rétine. Il risque de perdre un
œil. Il faut opérer rapidement. Je pense C'est
normal il ne veut pas voir ce qui se passe
avec moi. Il entre à l'hôpital le lendemain,
il passe chercher des affaires après le travail.
Je suis défoncé au lit. Je dis Tu veux que je
t'accompagne? Il dit Non non ce n'est pas la
peine. Alors je ne l'accompagne pas. Je me
fais à bouffer. Et puis vers dix heures je sors,
au Bar pour changer. Je ramène un mec, un
petit bcbg totalement nase et antisexe, mais

vraiment très beau. Comme prévu je le baise.
Comme prévu c'est nul.

Le lendemain vers midi Terrier appelle. Je lui
raconte ce qui se passe. Il dit qu'il veut me
voir. Je dis Ok puisque Stéphane n'est pas là.
Je ne découche jamais, c'est la règle. Sinon j'ai
le droit de faire ce que je veux. Donc là c'est
ok. Il arrive à l'heure, j'ai proposé de l'emmener au restaurant, mais j'ai changé d'avis en fin
d'après-midi et sans le prévenir je suis allé chez
Dubernet acheter à bouffer, j'ai pris de la terrine
de perdreau et des brioches au foie gras, j'ai fait
une petite salade à côté. On boit du bourgogne.
Après le café je commence à avoir sérieusement
envie de sexe. Je m'adosse aux placards de la
cuisine, le bassin bien en avant pour le faire
saliver avec ma bite à moitié bandée sous mon
vieux 501. Il fait des manières mais je finis par
obtenir qu'il me suce sur place à quatre pattes,
et c'est vraiment très bien, il perd conscience de
tout le reste, ça dure longtemps comme j'aime,
il bave tellement que ça coule sur mes couilles et
sur son menton, je me penche pour l'embrasser,
je sens que ça le rend dingue, je me détache,

je l'emmène dans la salle de bains pour qu'il se lave le cul, et puis on va dans la chambre et je le baise longuement et vraiment à fond, je rentre et je sors en le bourrant à bloc, il souffle comme un phoque en grimaçant, en ce moment il porte un bouc et ça lui va très bien parce qu'il a vraiment une très belle bouche, il est entièrement ramassé sous moi, c'est tellement meilleur qu'avec Stéphane mais je m'en fous pour l'instant je le regarde droit dans les yeux en le défonçant de plus en plus fort et puis il finit par gicler de gros jets de foutre en fermant les yeux et en criant, sans se toucher, et je sors et je l'arrose du mien.

Le lendemain, jour de l'opération, j'ai énormément de boulot et je ne peux pas aller voir Stéphane. Je l'appelle quand il est réveillé pour le prévenir que je passerai le lendemain. Je pense à l'opération de Quentin, en décembre. Après, il s'était remis à baiser très rapidement. Il faisait du minitel avec une seule main. Il baisait et se faisait goder sur le dos pour ne pas bouger le torse les premiers jours. Je défaisais, lavais, refaisais son espèce de camisole porte-bras tous les jours. Je lui donnais à manger. Je l'habillais. Je le lavais. C'était cool. On avait pas mal partouzé pendant qu'il était comme ça. Dès qu'il n'avait plus eu besoin de moi on s'était éloignés de nouveau.

Le jour suivant j'ai encore mille trucs à régler. Je suis totalement en retard sur l'heure que j'avais annoncée mais je n'arrive pas à appeler tellement je me sens coupable. J'arrive à l'hôpital à sept heures et demie alors que je dois dîner à huit heures et demie avec mon père. Le temps de trouver le bon pavillon, puis la chambre dont j'ai oublié le numéro alors qu'il n'y a plus personne pour me renseigner, il est quasiment huit heures. Stéphane dort. Je le regarde pendant un moment. Il se réveille. On parle. Je lui caresse la main. Je m'étonne qu'il y ait des fleurs dans la chambre, en principe c'est interdit à cause des risques d'infection. C'est son ex qui est venu le voir plus tôt dans la journée qui les lui a apportées. Moi, je lui ai apporté à manger, du foie gras, des biscuits et du chocolat, la nourriture est toujours tellement insipide à l'hôpital. Je lui parle de ce que je pensais pendant mon hospitalisation il y a un an. Je lui raconte que j'ai vu Terrier et que je n'ai pas pu m'empêcher de le baiser. Stéphane dit que ça ne le surprend pas. Il me demande des nouvelles de Terrier. L'œil qui n'est pas recouvert d'un pansement ensanglanté me regarde d'un air triste quand il me dit qu'il pensait que je n'allais pas venir du tout.

Quelques jours après Terrier appelle vers trois heures de l'après-midi. Il me demande Tu ne saurais pas quelle heure il est ? Voix hyper éraillée. Je dis Pourquoi ? T'as pas de montre ? Non, je l'ai cassée. Je dis Il est trois heures. Il dit Ah ok et tu ne saurais pas quel jour on est ? Je dis Vendredi pourquoi ? Il dit Ben je voulais savoir si ça fait trois ou quatre jours que je dors. Je dis Pas mal ! Et comment t'as fait ? C'est simple. Après avoir fait le tour des pharmacies où on ne lui a rien donné, il s'est tailladé les poignets et puis il a arrêté le sang et pris des somnifères. Je dis Et tu te sens comment ? Il dit Ça va mais j'ai un peu faim. Je dis Je fais des courses et j'arrive. Je m'extrais de chez moi, je passe au supermarché à côté de chez lui, j'achète du coca, du jus de pomme bio, du fromage, du saucisson, des épinards en bocal, du lait nestlé, des carottes râpées, du pain de campagne, des endives, du saumon fumé, du beurre, des yaourts, des petits pots pour bébé agneau-légumes et pommes-bananes (il n'y a pas pommes-coings), le journal pour qu'il lise.

J'arrive, il ouvre, tout blanc avec le jogging blanc que je lui ai donné. Moi ça me moulait hyper provoc, lui pas trop là, mais il est toujours aussi beau. Je mange un peu de céleri rémoulade, puis du saucisson, j'insiste pour qu'il mange un petit pot. Je lui fais ouvrir le lit, on fait un peu la sieste, il me montre des photos de mariage de ses parents et grands-parents, je commente. On cause, on se fait des bisous, on se chamaille, il me dit que pendant son séjour à la campagne il s'est fait Frédéric, un copain de ma mère, j'apprends donc que Frédéric a une très belle bite, vingt centimètres, épaisse. Il l'a sucé et puis il a dit On arrête, on n'a pas de capotes. Mais c'est le copain de Frédéric qu'il veut se faire en réalité et aussi le mec du copain de Frédéric. Terrier est vraiment une salope comme moi. Ah oui, je lui ai aussi apporté le pot de confiture de reines-claudes que j'ai faite moi-même et que je devais lui apporter depuis un mois, un pot rempli de fruits gros comme des cèpes, avec un couvercle rouge. Je l'engueule pour son suicide. Il me dit Qu'est-ce que tu veux, tu ne viens jamais me voir, tu ne réponds jamais à mes messages. Il n'y a que quand je suis mal que je t'intéresse. Un peu plus tard il me dit Ça m'a beaucoup touché que tu n'aies pas mangé ma confiture ou que tu ne l'aies pas donnée à quelqu'un d'autre. Je lui dis qu'elle était pour lui. Finalement on sort acheter des clopes, il me raccompagne au métro.

6. Diversions

Je me réveille à quatre heures de l'après-midi, après m'être endormi à sept heures du matin après avoir baisé avec un connard que j'avais ramené du QG parce que c'était le premier mec passable qui accrochait. La soirée avait été horrible, je n'avais aucun succès, j'avais beau me dire C'est rien il y a trop de beaux mecs ce soir, c'est ça qui refroidit l'ambiance, je me sentais comme une merde, comme si je n'existais pas. Un mec que je connaissais qui nous avait déjà branchés Stéphane et moi était là. Je lui avais palpé le cul à travers son fute en cuir, je lui avais dit Je le sens pas très bien. Il avait dégrafé son ceinturon pour que je le sente mieux, j'avais passé la main, mis mon index sur son cul bien défoncé, je lui avais caressé le trou, il s'était baissé le froc, je le doigtais cul à l'air en plein bar, il sniffait tranquillement du poppers, ça m'avait fait bander. Je lui avais mis la main sur mon paquet. Proposé d'aller chez moi. Pas de réponse. Il était descendu dans la backroom. J'étais fou de rage qu'il se foute de ma gueule comme ça. Je l'avais suivi, retrouvé en train d'ouvrir une capote avant de bourrer un mec dans un recoin. J'étais resté à regarder ça d'un air concentré. D'habitude je ne me fais pas aborder dans les backrooms parce que je n'ai pas l'air assez intéressé. En fait je trouve ça nul, ce genre de tripotage. Au mieux une sodomie debout vite faite. Beurk. Mais là je regardais bien fort en espérant que ça le gêne. Alors le mec à côté de moi a commencé à me palper. Je lui ai rendu. On a continué. Mon ennemi s'est arrêté d'enculer. Ça m'a fait plaisir, je me suis dit que c'était moi qui le déconcentrais, je me suis senti un peu vengé.

Bêtement, j'ai continué avec l'autre. Et au moment où il s'est tourné vers le mur et s'est branlé plus vite, j'étais tellement déprimé que j'ai dit Et si on se finissait chez moi? Il a demandé C'est où chez toi? Tout près, j'ai répondu. Je savais en l'emmenant que ça allait être nul mais je n'avais pas le courage de rentrer seul. Une fois chez moi évidemment on a baisé. Quand j'ai eu la main presque dans son cul, il s'est mis à dire Oh, oui, c'est bon ta main dans mon cul, oh, oui, j'aime ça, à peu près comme s'il doublait un film porno. J'ai regardé sa bite. Il ne bandait pas. Ça m'a dégoûté. En plus il voulait me revoir.

Je me suis réveillé hyper glauque. J'ai fait du minitel quasiment tout de suite. Il n'y avait rien, sauf un mec avec qui j'avais déjà causé plusieurs fois, il m'a rebranché pour un plan exta et dessous de meuf. Je savais qu'il était nase, Quentin me l'avait dit, il l'avait fait l'année dernière, mais de toute façon il n'y avait rien d'autre et je n'étais pas assez en forme pour sortir chercher quelque chose de mieux, alors j'ai dit Ok. Après il m'a rappelé pour me proposer le même plan mais à trois, avec un jeune mec qu'il connaissait, vingt-sept ans, bien, actif-passif. J'ai dit Ok, évidemment.

Ils sont arrivés en fin d'après-midi. Le jeune mec était bien. Celui que je connaissais était nase comme prévu. Total disjoncté, ça devait être sa deuxième ou troisième exta de la journée apparemment, en plus son truc c'était de la daube, il me la refilait pour le double du prix du marché, en fait c'était un dealer de daube. Il ne bandait pas. On s'est occupés entre nous Éric et moi. Puis le vieux con est parti. C'était cool. Il était encore tôt. On avait tout le temps avant que Stéphane ne rentre à la maison, il devait être de retour très tard après une réunion. Ça me faisait du bien je trouvais de baiser avec un beau mec de mon âge. Je lui ai passé mes chaps en cuir. Ça lui faisait un super gros pétard. Chaque fois qu'il se tournait, j'étais fixé dessus, tellement c'était lourd, cambré, blanc, rond. Comme les seins d'une maman.

Il ne savait rien faire sauf sucer, pisser et fister. Mais ça, il faut dire qu'il le faisait très bien, les yeux ouverts, en regardant et en bandant. D'abord je l'ai sucé. Après il a voulu me travailler le cul. Il était très précis, je triquais sans me toucher, il m'a mis la main dans le cul jusqu'après le poignet, j'ai vérifié la profondeur dans la glace. J'ai senti que ça venait. Je lui ai demandé de sortir vite. J'ai joui. Il a dit Je suis très ému. J'ai demandé Pourquoi? Il a dit Parce que j'ai bandé sans me toucher pendant tout le temps que je t'ai fisté. J'ai dit C'est normal, c'est parce que tu l'as bien fait, moi quand je godais bien mon ex ça me faisait triquer comme un fou. J'ai refait un pétard. Après je me suis occupé de lui. Je lui ai cravaché la queue en la tenant d'une main, à petits coups précis de plus en plus fort, dessus, puis sur les côtés, puis sur les couilles plus doucement, puis re sur la bite. Il bandait dur. Je lui ai donné ma queue à sucer, il tétait super. J'avais une gaule lourde, souple, pleine, celle qu'on a quand on a déjà fait des trucs pendant une heure ou deux. On a continué.

Il a oublié son poppers chez moi. Il m'a rappelé le lendemain pour me le dire. Je lui ai dit que c'était classique. Il m'a dit Avec toi, tout est classique. Ça m'a fait marrer. En y repensant, j'aurais pu lui dire que c'était simplement une question de statistiques. Il m'a dit qu'il n'a pas beaucoup baisé. Dans mon monde, baiser beaucoup, ça veut dire plus de trois mecs par semaine. Ce que je fais en ce moment. Quentin, lui, avait fait ça beaucoup avant de me rencontrer. Après aussi d'ailleurs. À une époque il avait un mec régulier différent pour chaque soir de la semaine, le week-end restait en open pour les nouveautés. Avec les réguliers la baise est toujours meilleure. Le problème c'est qu'il y a du relationnel à gérer. Mais Quentin est un peu schizophrène, alors ça ne le gêne pas. Quand personne n'existe vraiment, il y a de la place pour tout le monde. Je me demande si je suis comme lui. Je ne crois pas, mais ce n'est pas sûr.

7. Ça recommence

Le lendemain c'est lundi. Avec Stéphane on va dîner au Diable des Lombards. J'adore cet endroit. C'est le Ritz du ghetto. En plus, maintenant que je suis vieux, j'y croise toujours des connaissances. Ce soir c'est un grand, style mannequin, mais pas mal, à qui on avait laissé notre numéro de téléphone au restaurant trois mois plus tôt. Il avait laissé un message une semaine après, mais c'était les vacances, on lui avait laissé un message pour lui annoncer qu'on partait. Au retour on ne l'avait pas rappelé, c'était devenu un peu trop refroidi. Je le rebranche au passage en sortant de table. À voir. On va boire un dernier verre au QG. On tombe sur un copain avec qui j'ai déjà fait des plans plutôt chauds deux ou trois fois, je l'appelle le Doc parce qu'il est médecin. On le ramène à la maison.

Ça fait déjà une heure à peu près qu'on baise, Stéphane, le Doc et moi, quand quelqu'un sonne. Merde, je me dis. À tous les coups c'est Terrier. On s'arrête. Plus rien. Je recommence à ramoner Stéphane. Stéphane recommence à pomper le Doc. Le Doc recommence à faire les seins de Stéphane. Ça re-sonne. Ce coup-ci c'est sûr c'est lui. Je décule. Je garde la capote pour aller ouvrir, pour lui montrer que ça ne se fait pas de débarquer chez les gens à trois heures et demie du matin. Mais ça ne marche pas du tout parce que quand j'ouvre il se laisse tomber dans l'embrasure de la porte, hyper bourré. T'as bu combien ? Une bouteille de whisky. Je regarde la moquette sale de l'entrée. Il dit Je veux dormir. Je dis Eh ben tu rentres chez toi et tu dors. Il dit Je veux dormir ici. Je dis Tu fais chier, vraiment tu fais chier. Je me casse. Les deux autres sont toujours dans la chambre. Je leur raconte. Ils me calment. Je retourne voir

Terrier. Ok tu peux dormir dans la chambre d'amis. Comme il ne veut pas bouger je le traîne dans la chambre et je ferme la porte.

Après c'est impossible de se remettre à baiser, parce qu'au lieu de dormir il rôde dans l'appart. On plaisante Il faudrait l'attacher au radiateur et baiser devant lui, ça ça serait marrant au moins. Et puis j'entends coulisser la porte du placard de la salle de bains. Quand j'arrive il a l'air content. Je cherche immédiatement le tube de lexomil que je viens d'acheter. Le tube est vide. Ce petit connard est carrément venu se suicider chez moi. Ça fait la troisième ts bidon en deux semaines. Au moins la dernière fois c'était chez lui. Bon. Je l'empoigne par la peau du cou et je le traîne comme un petit chat vers les chiottes. Non mais qu'est-ce que tu fais Guillaume, ça va pas non? Si si, moi ça va très bien, c'est toi qui vas pas. Mais arrivés aux chiottes il n'est pas du tout d'accord pour gerber, je suis sûr que si je lui fous deux doigts dans la bouche il va me mordre. J'abandonne. Je le laisse là, écroulé par terre. Les autres sont toujours dans la chambre. Je ne sais pas quoi faire, je dis. Il a pris quoi?

Une bouteille de whisky et un tube de lexomil. Bon alors c'est pas mortel il va juste dormir pendant trois quatre jours. Mais moi je ne veux pas qu'il dorme chez moi pendant trois quatre jours pendant que je ne suis pas là, il l'a fait exprès il sait que je me casse demain, je le lui ai dit aujourd'hui au téléphone. Je demande au Doc ce qu'on fait normalement dans ce genre de situations. Le Doc dit que dans ce genre de situations on appelle les pompiers, on arrête de laver son linge sale en famille, quand il va se réveiller aux urgences il va comprendre que c'est grave.

J'appelle les pompiers. Je suis raide, on a fumé deux pétards bien tassés, pris un max de poppers, j'ai peur que ça s'entende. allô bonsoir monsieur j'ai quelqu'un chez moi qui vient de faire une tentative de suicide. La personne a utilisé quoi ? Un tube de lexomil et une bouteille de whisky. Ils font des difficultés pour venir le chercher. Je dis que je n'ai pas de voiture, je ne peux pas l'emmener à l'Hôtel-Dieu. Ok ils arrivent. On commence à le rhabiller. Il résiste autant qu'il peut. Le Doc se casse en nous souhaitant bon courage. On a l'air à peu près normaux quand les pompiers arrivent, enfin je pense. Eux n'ont pas l'air spécialement enchantés d'être là. Allez monsieur, il faut vous lever maintenant, non non, il ne faut pas dormir là, allez on se rhabille. Je finis de le couvrir avec Stéphane. Les bottes c'est pas la peine.

Décidément Terrier est un garçon organisé. Dans sa pochette de carte orange, il a sa carte d'identité, sa carte de sécu, du fric. Ouf. Ils le descendent en chaise. Je suis. À tout à l'heure. Dans la voiture à côté du brancard je flippe en pensant qu'ils doivent penser qu'on est une bande de sales pédés dépravés, et puis je me dis Bon en fait ils doivent avoir plus l'habitude de ce genre de choses que moi. Les rues passent dans les fenêtres du camion.

À l'Hôtel-Dieu il y a des clodos qui cherchent à dormir là et qu'on vire et plein de flics. Je suis toujours hyper raide. On décharge Terrier. Infirmiers, infirmières. Ils l'emmènent en brancard. La surveillante, une brune solide, prend un air accusateur pour m'envoyer enregistrer « mon ami ». Je traverse l'hôpital endormi. La salle d'enregistrement a tous ses petits boxes vides. Le monsieur noir est gentil. Je lui demande combien il y a de ts par soir en moyenne. Il dit Oh des malheurs comme ça il y en a souvent.

Je suis retourné aux urgences pour donner les papiers. J'ai demandé ce qui allait se passer. L'infirmière m'a dit qu'on allait lui faire un lavage d'estomac et qu'il fallait que j'attende. Alors j'ai attendu. Je savais qu'il n'y avait rien à attendre mais je ne pouvais pas partir. J'ai entendu Terrier crier mon nom très fort. Il y a eu un grand bruit métallique. Un infirmier s'est précipité. Je suis allé au guichet. J'ai demandé à l'infirmière s'il y avait un problème mais elle n'a pas eu le temps de répondre parce que la surveillante est arrivée. Elles se sont parlé à voix basse. Puis la surveillante s'est tournée vers moi et elle a dit C'est vous Guillaume? Je n'ai pas osé mentir. J'ai hoché la tête. Elle a dit Il vous demande. Il veut vous voir. J'ai dit Je pense qu'il ne vaut mieux pas.

J'ai attendu encore, total parano sous l'effet du pétard qui ne se dissipait toujours pas, en plus toutes les demi-heures des tonnes de flics débarquaient avec des mecs plus ou moins en sang. Terrier est passé plus blanc que le drap dans un chariot, enfin endormi, une perfusion au bras. On m'a dit que je pouvais appeler vers midi, quand il se serait réveillé. J'ai marché jusqu'à la maison. Je me suis déshabillé dans le couloir et puis je suis rentré dans la chambre et quand je me suis assis sur le lit Stéphane s'est réveillé et je lui ai raconté et puis je l'ai pris dans mes bras comme d'habitude et on s'est endormis.

J'ai revu Terrier quelque temps après. Stéphane était chez ses parents à la campagne. Comme d'habitude j'ai essayé de le baiser. Il n'a pas voulu. J'ai dit à Stéphane que je pensais que Terrier avait raison. Ça ne lui faisait pas du bien de baiser avec moi.

8. Party time

J'ai fait de la confiture pendant deux trois jours, et puis j'ai finalement été d'accord pour partir avec Stéphane pour le week-end du onze parce que c'était en groupe avec des copains et on est partis pour Londres.

Les gens de la nuit sont les plus civilisés de tous. Les plus difficiles. Chacun fait plus attention à sa conduite que dans un salon aristocratique. On ne parle pas de choses évidentes la nuit. On ne parle pas de boulot, ni d'argent, ni de livres, ni de disques, ni de films. On agit seulement. La parole est action. L'œil aux aguets. Le geste chargé de sens. Clubland. All over the planet.

Ce soir on est à Londres. Je recommande le *ff* pour la dope qui est vraiment pour connaisseurs. Ils sont là d'ailleurs. La crème de la crème. Les plus beaux, chic, hard du monde. La boîte est pleine. On prend la demi-exta chacun que j'ai encore du Heaven, mais ce n'est pas suffisant pour supporter la musique. Trop hardcore. Je pars chercher quelque chose d'autre après avoir roulé et fumé un pétard dans un coin du bar.

Look around
Pleasure
Pleasure
Pleasure
Give yourself over to absolute pleasure
(Opm, Pleasure – Bubble mix)

Au coin d'un pilier il y a un mec penché sur une petite cuillère tenue par un autre. Je me mets à côté, pas trop près. J'attends qu'ils finissent. Celui qui a sniffé se casse. Je demande à l'autre Do you sell anything? Il fait No. Do you know anyone who sells anything? Il dit I'm gonna see if I see someone I know. I'll be back in a minute. Il revient cinq minutes après avec un grand bodybuilder en harnais de torse. Le bodybuilder m'emmène à l'autre bout du bar. Le dealer est grand et noir et très sexy. How much for an E ? Fifteen. And for acid ? Five. L'exta est à cinq livres de plus qu'au Heaven, mais elle est sûrement meilleure ici. Mais je n'ai pris que ten quids alors j'achète deux acides. On en prend un demi chacun avec Stéphane. Je retourne quand même voir le dealer pour acheter deux extas pour plus tard.

Après un pétard supplémentaire, j'arrive à danser même sur du hardcore, un peu frustré tout de même parce que le rythme est trop simple pour que je puisse faire ce que j'aime. D'ailleurs, tous les hardos en cuir dansent mal à quelques exceptions près, ceux qui sont tellement speed qu'ils arrivent à suivre le rythme. Je danse quand même dans la quasi-obscurité du fond de la boîte. Par terre c'est trempé, ça glisse un max. Il fait tellement chaud que je suis couvert de sueur en une minute. C'est cool ça me réchauffe la bite. Je l'avais un peu oubliée avec la dope. Après je finis par manquer de souffle, je vais me calmer au bord de la piste. Je ne sais pas où est Stéphane. De toute façon il ne danse pas, avec ça aussi il a un complexe.

Je commence à m'emmerder. Je vais remercier le donneur de tuyaux, on ne sait jamais, et puis pour le principe. Il est toujours au même endroit. Je dis Thanks for the hint. Il me fait un énorme sourire fashion. Moi je ne peux pas. Je retrouve Stéphane. J'ai la haine contre l'endroit. La musique est trop chiante. Les gens sont trop snobs. Le mégabutch bodybuildé qui m'a touché le paquet quand je suis passé près de lui tout à l'heure me dévisage encore avec des yeux à la fois avides et dépourvus de toute expression. Il m'énerve. Je dis à Stéphane Je ne peux plus supporter tous ces gens. Moi, je n'aime que les gens qui savent qu'il y a plus important qu'eux. En plus ici il n'y a que des culs qui attendent tranquillement une bite parce qu'ils savent qu'ils sont assez mignons pour vraiment l'avoir. Ça m'énerve.

Le bodybuilder repasse. Un mètre soixante-dix, quatre-vingts kilos de muscles, au moins. Crâne rasé. Torse nu. Pas un poil. Des tétons énormes, dont l'un est percé d'un gros anneau chromé. Espèce de femelle, je dis. Je le regarde, pas gentiment je pense. Il s'arrête au milieu de l'escalier. Apparemment mon expression lui plaît.

J'en ai marre. Je propose à Stéphane qu'on se casse, de toute façon ça ferme dans une demi-heure, autant éviter la queue au vestiaire. Je récupère le mien. Je me rhabille. Stéphane attend le sien. Je me repose, vautré sur la bar-rière de sécurité qui barre l'entrée. Il est là. Il s'approche de moi. Les pupilles vraiment ultra dilatées. Il grogne I want you to fuck me, avec un super accent cockney. Je le regarde. Je fais I'm sure. Il me dit Come. With your boyfriend. Je dis Ok. Je vais chercher Stéphane. On redes-cend. Maintenant il y a la queue pour le ves-tiaire. Les chiottes des mecs sont pleines. On va chez les femmes. Une cabine s'ouvre. J'avais déjà remarqué la fille qui sort, une brune avec un top blanc brodé de noir. Elle nous sourit, ultra stone comme nous. On entre. On se dés-habille un minimum, pantalon aux chevilles. Il a le gland percé, et il ne bande pas. Il nous suce. Quand on est exploitables il sort ses capotes. Ils utilisent des capotes ultra épaisses ici, mais ça va, je trique. Je le baise. Il est tendu et raide, le cul un peu trop haut. Enfin sans gel, ça passe quand même sans problème, merci l'acide. L'ennui c'est que c'est inconfortable et que je ne sens pas grand-chose. Je le passe à Stéphane. Stéphane le bourre. Ça me réexcite. Il me le repasse, etc., etc. On finit par débander. Il veut qu'on lui gicle dessus. Je dis à Stéphane T'as envie de lui gicler dessus toi? Il fait Bof. Je dis Moi non plus j'ai pas envie de me gâcher je préférerais faire quelque chose à l'hôtel avec mon habituel. Donc on ne gicle pas. Je dis I think it's ok like that. On se rajuste. Il dit I'm sure to see you around some time guys. Sa politesse m'énerve. Je dis Where? Do you often come to Paris? Il fait No. Je dis Then it's not so sure.

À la sortie le taxi indien qui se jette sur nous titube tellement sur le chemin de sa voiture qu'on revient à la porte en prendre un autre, un noir apparemment sobre. Il écoute de la disco. C'est cool. On croise des camions de lait dans les rues énormes et désertes de la City. Le black conduit vite et bien. You're a smooth driver, je lui dis, I like that. Il fait Oh.

J'ai envie que Stéphane me baise avec la cagoule en latex, intégrale avec seulement des trous pour les narines, que j'ai achetée à Clone Zone cet après-midi. Sous acide je suis sûr que ça va être super. Il est d'accord. Il me baise. Deux fois de suite. Le lit fait un bruit d'enfer. Et puis il me fiste. Je jouis les trois fois, lui une fois à la fin. Lexomil pour couper l'effet de l'acide et pouvoir dormir. Pétard. L'ambiance est quand même dure.

Le lendemain je veux être beau. Je me rase en laissant un bouc, pour mettre ma bouche bien en valeur. Je me fais des pattes bien longues. Fute en cuir noir. Ceinture rock. Rangers. T-shirt ultra moulant rouge vif avec des étoiles argentées, coupé au nombril, avec les poils et un peu de ventre qui dépassent. Top classe. Je partage une exta pour la déprime avec Stéphane. Ça ne va pas entre nous. Je l'ai déjà largué une première fois la semaine dernière. J'ai compris maintenant que ça fait un petit moment que j'essaye de le remplacer. Hier j'ai demandé à Sandrine, une copine qui habite ici, si elle avait un petit copain. Elle m'a dit Non je suis seule. J'attends quelque chose de bien. C'est bien d'être seule aussi. J'ai dit Ouais, je suis d'accord. J'ai pensé que moi aussi je devrais être seul et attendre.

Tonight
It's party time
Tonight
It's party time
Tonight
It's party time
(Alex Party, Saturday night party – Read my lips)

À Substation la soirée a commencé assez morne. Pas grand monde. On a gobé sur place les deux exta du *ff*. J'ai monté progressivement, très fort, mais très cool. Commencé à danser à côté du flipper où Stéphane jouait avec le grand Christophe. Puis sur la piste. Là je me suis rendu compte que je venais de prendre la meilleure exta de ma vie. J'ai dansé comme je ne l'avais pas fait depuis longtemps. Comme jamais, en fait. Moins répétitif. Plus libre. Plus chorégraphique. J'ai pas mal sauté en l'air, à la fin de la nuit j'ai même tourné sur moi-même dix fois de suite. Super dj. Le meilleur set que j'ai jamais entendu, je crois, le plus happy et deep house, vraiment géant. À un moment particulièrement top, j'ai cherché son regard, il devait déjà être deux trois heures, ça fermait à quatre. J'ai levé le pouce. Il a fait pareil. Pendant que je dansais, un grand mec s'est penché sur moi et il a dit I like you. I pray God for you to stay alive. Ça m'a un peu déconcentré mais j'ai quand même dit Thank you.

Le petit skin dansait hyper bien dans un genre excité. On était les deux meilleurs danseurs de la piste, une fois parties une ou deux filles qui étaient là au début. On s'est regardés en s'appréciant. À un moment il était de dos tout près de moi, je l'ai attrapé et j'ai fait semblant de le baiser. C'était bon de tenir ses hanches étroites et musclées. Après je me suis retourné, et à son tour il m'a fait tap tap tap tap tap au beau milieu

de la piste. On s'est embrassés pendant longtemps. Stéphane s'était cassé. Un peu touché
les seins. Je l'ai touché au creux du dos, au haut
des reins, j'ai mis un doigt en haut de sa raie, il
était doux. Je l'ai touché exactement comme s'il
pouvait être à moi. Stéphane était revenu. Je me
suis écarté de dix centimètres et j'ai dit I have
a boyfriend. Il a dit Where is he? He's here,
j'ai dit en lui montrant Stéphane. Il m'a pris
par les épaules. Il m'a retourné. Il m'a poussé
jusqu'à Stéphane. Don't play around with love if
you've got a boyfriend. Or you'll get a punch in
your face, il a dit. Et puis il m'a laissé seul avec
Stéphane. Stéphane est reparti. Je suis allé me
payer une bière bien qu'en principe il ne faille
pas mélanger l'exta et l'alcool.

Ça fermait. Je faisais la queue au vestiaire.
Le petit skin allait et venait en gueulant
Everybody's counting their money! But I want
some flesh! And just nobody will give me a
shag! Just because I'm a gay national star! J'ai
demandé au keubla devant moi Is he really the
star he says he is? No, he's just the contrary, le
mec m'a répondu. He's what we call in english

146

a complete asshole. J'ai pensé qu'il disait ça par jalousie.

Stéphane s'endort pour m'oublier dès qu'on est rentrés. Il est quatre heures. On aurait pu baiser. Je me branle. C'est super. Pourtant c'était la meilleure soirée. Don't play around with love if you've got a boyfriend.

Au retour de Londres j'ai dit à Stéphane que je le quittais. Il m'a dit que ça ne le surprenait pas. Il est sorti faire la tournée des bars. Je me suis branlé. C'était super. Et puis j'ai écouté une des compils de house que je m'étais achetées là-bas. Après j'ai écouté Propaganda, Duel.

The first cut won't hurt at all
The second only makes you wonder
The third will get you on your knees
You'll start bleeding I'll start screaming

J'ai pensé à Éric P. qui savait si bien choisir la musique, et qui avait toujours envie de sauter quand il allait près de la fenêtre après avoir fumé.

The first cut won't hurt at all
The second only makes you wonder
The third will get you on your knees
You'll start bleeding I'll start screaming.

Je ne serais pas surpris qu'il me tue. S'il avait
un revolver.
Selling your soul
Selling your soul
Selling your soul
Never look back
Never look back
(Propaganda, Dr Mabuse)

9. Séparation

Stéphane a dit qu'il quitterait l'appartement à la fin de la semaine. Je suis content qu'il ne s'en aille pas tout de suite. Pourtant ça n'est pas très drôle entre nous. On ne se parle presque plus. Parfois on pleure. On se couche sans se toucher. Finalement il part une semaine chez ses parents. On s'appelle. Je dis que je ne sais plus, qu'il faut que je prenne du recul, que si on continue à se voir il faut que ça se passe dans de meilleures conditions, que je lui fasse moins de mal, que j'aille mieux. Quand il revient il va habiter chez un copain. Il fait son déménagement pendant que je suis au boulot. Je cherche un studio ou un deux-pièces pour moi. Je finis par trouver un truc un peu excentré mais pas trop mal. Je fais mes caisses.

Le matin du déménagement, un type qui m'avait branché deux mois plus tôt sur minitel m'a appelé au téléphone pour me proposer de me percer. J'ai demandé si on ne pouvait pas se revoir en fin de semaine. Il a dit qu'il n'était libre que l'après-midi même, après il repartait. J'ai dit Ok passe. Ça faisait longtemps que j'y pensais. Plein de mecs que je voyais ou connaissais l'avaient fait. Pas moi. C'était un des seuls trucs que je n'avais pas déjà faits. Et puis j'avais envie de faire quelque chose de grave. En plus c'est lui qui m'avait contacté. Intéressé par piercing? J'avais répondu Oui mais de quoi si pas le visage pas la queue pas la bite? Il avait écrit qu'il restait le nombril, le périnée, le sac. Le sac? Il avait tapé Les couilles. J'avais écrit Pourquoi pas. Il avait écrit qu'il me rappellerait.

Il est arrivé dans l'appartement vide avec sa mallette, un peu en retard parce qu'il venait de repercer un mec qu'il avait percé l'année dernière. Il était très grand, large d'épaules, assez moche et mal habillé. On a causé autour d'un verre d'eau. Il m'a montré ses piercings, les deux seins, le droit portait deux anneaux, il en avait ajouté un récemment. Je lui ai demandé si ça cicatrisait bien. Il a dit Oui il faut seulement désinfecter régulièrement parce que c'est un peu distendu. Il a appuyé pour faire sortir le pus.

On a causé longtemps parce que je voulais être sûr de pouvoir lui faire confiance. Il m'a montré son matériel. Il m'a dit qu'on ne commencerait que quand je serais prêt. Au bout d'un moment j'ai dit que je pensais qu'on pouvait y aller. Je me suis installé dans le canapé du salon, le seul meuble qui restait dans l'appartement. Il m'a fait une piqûre dans le scrotum pour m'anesthésier. On a attendu. C'était toujours sensible. Je lui ai demandé de m'en faire une deuxième. On a attendu. J'avais le scrotum un peu gonflé. C'était toujours sensible. J'ai dit que je ne voulais pas avoir mal, que je voulais qu'il m'anesthésie encore. Il m'a dit qu'il n'avait jamais vu ça. J'ai pensé qu'en fait ça ne lui aurait pas déplu que j'en bave. J'ai dit qu'il fallait bien une première fois. Il m'a fait une troisième piqûre. On a attendu. J'ai parlé pour détendre l'atmosphère. J'ai pincé. Je ne sentais plus rien. J'ai dit C'est bon on peut y aller. On est allés dans la salle de bains, pour le sang. Je me suis assis sur le bord de la baignoire. Il a tiré sur mes couilles, placé des pinces de chirurgie de part et d'autre du sac. Je regardais. Il a commencé à percer, avec une aiguille longue de sept ou huit centimètres au bout de laquelle était fixée la boucle à mettre en place. L'aiguille est passée, puis la boucle. Il a eu du mal à visser la petite boule de fermeture à cause du sang qui faisait glisser ses gants de latex. Il a désinfecté. J'ai tenu le pansement parce que ça saignait.

Il a passé un coup de fil sur son portable. Un autre piercing. Un sein je crois. Il est parti. J'ai attendu Stéphane avec qui j'avais rendez-vous pour transporter des trucs. Ça n'arrêtait pas de saigner. Stéphane est arrivé en retard, l'air vachement content de me voir. Je lui ai dit qu'il y avait un problème, que je venais de me faire percer les couilles et que ça n'arrêtait pas de saigner. Il m'a dit Mais ça veut dire qu'on ne va

pas pouvoir baiser pendant combien de temps ?
J'ai dit Deux trois semaines. Il a gémi comme
si je l'avais frappé. Il a tapé du poing contre le
mur. Je me suis rendu compte que je venais de
foutre en l'air notre nouveau départ.

Je me suis bourré le slip de papier cul. Le sang
commençait à tacher mon 501. On a pris sa
voiture. Il m'a conduit jusqu'à mon nouvel
appart. Il a monté les affaires que j'avais avec
moi. J'essayais de ne pas trop bouger pour que
l'hémorragie s'arrête. Il est resté un peu et puis
il est rentré dormir, il devait se lever tôt le lendemain.

10. Réveillon

Pour Noël j'étais seul dans le nouvel appartement. Mon compte en banque avait été dévasté par le déménagement, j'avais dû travailler dur pour ramener de la thune. Dès que j'ai eu fini je suis tombé malade. Stéphane est venu m'apporter du jambon et de la soupe en boîte avant de partir chez ses parents. On devait aller ensemble voir une exposition de peinture qui se terminait, pour une fois qu'il était libre un après-midi de semaine. Et puis j'étais malade. On pensait tous les deux que c'était vraiment la fin sans se le dire. Il n'est pas resté longtemps.

J'ai appelé ma mère pour lui dire qu'on aurait quand même peut-être pu faire un truc en famille, cela dit c'était un peu faux cul, si elle me l'avait proposé j'aurais refusé. Je pensais à Quentin. La première année, on s'était retrouvés l'un dans l'autre le vingt-quatre au soir. Il avait souri au-dessus de moi. Joyeux Noël mon chéri. On s'était embrassés. Pour le réveillon, même chose. Ça faisait trois ans maintenant qu'on ne respectait plus la tradition.

Je me suis mis au minitel. J'ai branché un mec qui avait Bze sans kpote comme pseudo. Le petit mec au minitel m'a demandé ce qui m'avait branché dans sa cv. J'ai répondu Te bzer ss kpote. J'ai pensé qu'il se méfiait. Il n'y a pas ssr précisé dans ma cv mais c'est vrai que j'ai une cv de mec ssr. Les mecs branchés baise sans capote ne précisent jamais quel genre de baise ils pratiquent, hard ou soft ou crade ou mec-mec ou n'importe quelle autre nuance, en fait ce qui les intéresse c'est de se vautrer dans le foutre empoisonné, c'est une baise romantique et ténébreuse, je dis ça de façon condescendante, mais c'est vrai que c'est très fort. Une fois j'ai partouzé comme ça avec deux mecs, moi j'ai calé, je débandais dans leur cul et quand ils me sautaient, ça me faisait trop flipper de baiser à risques, ok on ne sait rien sur la réinfection mais ce qui est sûr c'est qu'en faisant ce genre de choses on peut se choper des tas de trucs en plus. Cela dit, quand le petit vicelard a giclé sans capote dans le cul du grand skin, c'était vertigineux. Le baiser de la mort, comme on dit.

Quand il m'a appelé il m'a dit qu'il avait plutôt envie de baiser que de se faire baiser ce soir. J'ai pensé En voilà un qui n'est pas bête. J'ai dit Je pense qu'il va y avoir un problème parce que je ne me fais pas baiser sans capote. Il m'a dit qu'il n'allait pas venir. Nous n'avions pas le même désespoir. Je me suis promis que quand je serai descendu au-dessous de deux cents t4 je m'y mettrai.

J'ai pris une exta qui me restait au frigo et je me suis branlé en me mettant des trucs dans le cul devant un porno que je passais mon temps à rembobiner. J'étais tellement stone que j'ai fait tomber le sapin et la tour à cd en maniant le sac à godes. J'ai trouvé ça marrant.

11. Joyeux Noël!

Je me suis réveillé vers une heure. Je n'avais pas faim, j'étais en forme à cause de l'exta. J'ai juste bu un verre d'eau et je me suis mis au minitel. J'ai branché un mec qui avait un programme sympa. Enculage et godage réciproque au Jeff Stryker. Tout s'est passé comme prévu, sauf qu'après qu'on s'est bien ouvert le cul avec les deux godes qu'il avait apportés, on s'est retrouvés debout, j'ai tendu mon cul devant sa grosse bite luisante de gras et sans capote. Il m'a enfilé. C'était bon. Il a arrêté assez vite. Je l'ai retourné pour le mettre à mon tour. On s'est regodés. Je lui ai enfoncé le stryker bien profond et puis je me suis rassis sur sa grosse bite violacée tout en continuant à le goder. Puis il m'a fait pareil. On a joui chacun son tour en se regodant bien à fond. Je me suis dit que ça allait à peu près puisqu'il n'y avait pas eu de sperme dans le cul.

Le soir, j'avais rendez-vous pour dîner dans le Marais chez un copain qui nous invitait régulièrement Quentin et moi depuis des années. J'y avais été aussi une fois avec Stéphane. Je suis arrivé à l'heure. On a pris l'apéro avec son mec du moment. J'ai dit que je venais de quitter Stéphane. On a dîné. Après ça je me suis retrouvé dans le froid de la rue. Il devait être une heure. Je me suis demandé si je devais rentrer me coucher pour me reposer, ou bien sortir. J'ai décidé qu'il fallait avoir foi en la vie, le jour de Noël ça s'imposait. J'ai marché dans la nuit jusqu'au Quetzal. Je pensais qu'il y aurait du monde intéressant, les enragés, les sans famille. Il y en avait effectivement pas mal. J'ai pris une bière, je me suis posté là où on a la meilleure visibilité, à l'entrée des chiottes. J'ai examiné la marchandise. J'étais parfaitement détaché. Si jamais il n'y avait rien, ok, je rentrerais à la maison sans me faire prier.

Il n'y avait rien de spécialement extraordinaire. Et puis j'ai vu ce grand keubla en bonnet, vraiment grand, style un mètre quatre-vingt-dix, cent dix kilos, hyper costaud, tendance enrobé, jeune, très belle tête, l'air réservé. On s'est souri. Je suis allé le voir et je lui ai dit Where are you from in America? Il m'a dit I'm not from America, I'm from Africa. J'ai dit Oh ok so you must be some sort of African prince. Ça l'a fait marrer. On a parlé, de lui, de moi, du zen. Son hôtel était à l'Étoile, les Américains ont toujours peur des quartiers craignos. On est allés chez moi.

À la maison au lieu de lui sauter dessus je me suis immédiatement mis à rouler un pétard allongé sur le lit. Il n'a pas voulu en fumer. Il m'a demandé si je fumais tout le temps. J'ai dit Non, seulement tous les soirs. Il m'a dit Alors tu es un drogué. J'ai nié. J'ai fumé mon pétard.

On ne baisait pas. Il s'était quand même déshabillé à cause du chauffage poussé à fond. Il était étendu en t-shirt et en slip à côté de moi. Je lui ai demandé si ça ne le gênait pas que je le suce. Il m'a dit You can try to, if you really want to. Au bout de cinq bonnes minutes ça y était quand même il bandait vraiment. Je lui ai enfilé une capote et je me suis assis sur sa très grosse bite pointue. Il ne bougeait pas. On ne s'embrassait pas. Je me suis enculé. Au bout d'un moment il m'a retourné et il m'a défoncé très vite et très fort presque sans me toucher. J'ai dû me bourrer le crâne en me répétant que j'étais une petite pute blanche qui se faisait tringler par un grand noir pour arriver à continuer à bander et puis à jouir, en même temps que lui d'ailleurs, il faut dire qu'il y avait mis le temps, j'avais eu tout le mien pour régler ma petite affaire. Je lui ai demandé après si quand il baisait d'habitude il n'utilisait pas plus ses mains. Il a dit que si. J'ai réfléchi.

12. Pourparlers

Quentin m'appelle. Il me dit que ça se passe mal avec Nico. Je dis De toute façon tu ne l'aimes pas. Moi au moins j'ai largué Stéphane. Il dit J'ai envie de te voir. Tu ne veux pas venir à la maison ? Je réponds Ça ne va pas non, avec l'autre nase qui peut ramener sa fraise à n'importe quel moment, c'est hors de question. Il dit On peut se retrouver au Quetzal. Sortir me paraît complètement au-dessus de mes forces et en plus totalement inutile. Et puis je veux que ce soit lui qui vienne, qui fasse l'effort. Après tout c'est lui qui cherche à me récupérer. Je dis Non, je ne bouge pas. Tu n'as qu'à venir. Il dit Ok, je serai là dans une heure. Je sais qu'il en a au moins pour une heure et demie, compte tenu des effets cumulés du pétard et du xanax. Il m'a dit qu'il a diminué les doses. Je ne sais pas si c'est vrai. Il ment tout le temps. Au bout de deux heures je comprends qu'il y a un problème. Je vérifie chez lui. Répondeur. Je parle au cas où il filtre. Pas de réponse. Il appelle deux minutes plus tard. C'est le code qui ne marche pas. Je dis Ok je descends. Je passe un jean sans slip, mon bomber sans t-shirt, des baskets sans chaussettes. En bas, personne. Le code fonctionne. J'attends cinq minutes. Je me dis qu'il a dû se tromper de rue. Je cours sous la pluie jusqu'au même numéro de la rue du Faubourg-Saint-Denis. Je pense à un plan qu'on avait fait quatre ans plus tôt, quelques numéros plus loin, chez deux mecs vraiment très canons, grands, balèzes, actifs-passifs, très grosse bite tous les deux. Ils avaient une énorme boule de très bon shit. Tout le monde m'avait baisé mais évidemment ils préféraient Quentin, avec lui il y avait plus de choses à faire. J'avais fini par me prendre un gros gode dans le cul, à l'époque je n'avais pas l'habitude, et puis je m'étais tiré parce que c'était trop. Le lendemain

Quentin m'avait raconté qu'il s'était réveillé en se faisant enculer.

Personne. Je retourne chez moi. Au bout d'un moment qui semble interminable le téléphone sonne à nouveau. Je dis Tu t'es trompé de rue, ce n'est pas Saint-Denis, c'est Saint-Martin. Je raccroche. Il arrive total cassé. Il critique l'appartement que tout le monde trouve super sauf ma sœur et moi. Je dis que je suis au courant. C'est tout ce que j'ai pu me payer. Il roule un pétard que je trouve trop chargé. On cause de notre passé. Il m'explique qu'il a changé. On cause de notre avenir éventuel. Je lui dis que j'ai envie qu'on baise maintenant, comme ça on saura à quoi s'en tenir. Il dit que non il trouve que c'est trop tôt, on verra plus tard, par exemple demain à son réveillon où il y aura de la coke et pas Nico qui doit passer le sien chez ses parents en province.

Au bout d'un moment il me demande de venir sur ses genoux. Je ne suis pas très chaud pour y aller mais j'y vais quand même. Posé dessus, raide comme une marionnette, je compare avec l'effet que ça me faisait dans le temps. On s'embrasse. C'est parfait techniquement, mais ça ne me fait pas bander. Il finit par s'en aller. Je fais du minitel et comme ça ne marche pas je vais au bordel.

Quand je suis arrivé il n'y avait quasiment personne. Un jeune mec très bien foutu attendait couché, jambes écartées, les chevilles dans les étriers d'un sling, avec une grosse bite bandée, entièrement à poil sauf une paire de converse bleu marine portées sans chaussettes. Je me suis mis dans la cabine du fond. J'ai attendu. Deux monstres ont passé la tête à l'entrée. J'ai fait la gueule. Ils sont partis. Ça faisait une demi-heure que j'étais là. Il ne se passait rien. Je suis sorti de la cabine. J'ai fait un tour. Le mec était toujours dans le sling. Je me suis mis devant lui. J'ai commencé à me branler. Ça m'excitait de penser qu'il était là pour se faire baiser par n'importe qui. J'ai appuyé ma bite contre son trou. J'ai dit J'ai pas de capote. Il a dit C'est pas grave. J'ai craché pour lubrifier. J'ai eu du mal à rentrer. Et puis j'y suis arrivé. Je l'ai baisé en finesse. Il bandait sans se toucher. Un mec est

arrivé. Il s'est approché pour mater. Instincti-
vement, je me suis plaqué contre le cul du mec
pour empêcher l'autre de voir qu'on baisait sans
capote. Il a vu quand même. Il est parti. J'ai
continué. J'ai senti que ça venait. Je me suis dit
Est-ce que je jouis dedans, de toute façon c'est
ça qu'il veut. Et puis je suis sorti et j'ai giclé
par terre. Je suis retourné à ma cabine. J'ai fini
par me faire baiser, goder et fister par un petit
mec hyper mignon qui me travaillait comme un
dieu en me disant Vas-y mec, prends ton pied,
je veux que tu aies les yeux qui se renversent.

13. Et bonne année!

Je suis arrivé chez Quentin à minuit dix. Les gens n'avaient pas tout à fait fini de s'embrasser. J'ai inspecté l'appartement où aucun des travaux nécessaires n'avaient été faits depuis mon départ. Tout le monde m'a félicité sur ma bonne mine. Quentin était droguéissime. Coke, je le savais, mais aussi pétard sur pétard qu'il extorquait à une pauvre fille pendue à ses basques alors que j'étais sûr qu'il en avait. Au bout d'une heure il n'était toujours pas question de la coke dont il m'avait parlé la veille. Comme j'en avais assez d'attendre qu'il soit poli, je suis allé la lui demander. J'ai dit Je préférerais ne pas avoir à le faire, mais puisque tu ne me l'offres pas, il faut bien que je te la demande, alors elle est où cette coke ? Il m'a dit Tu me donnes combien ? J'ai dit Rien, tu te fous de ma gueule ou quoi, je ne vais quand même pas te payer pour une ligne. Il a dit Bon d'accord. Il s'est cassé. J'ai attendu. Finalement il est venu me dire de prendre la paille jaune qui se trouvait dans le pot sur la cheminée de la chambre et de le rejoindre dans la salle de bains. Dans la salle de bains, il y avait aussi Nico qui venait d'arriver et qui a dit que c'était tellement sympa de se retrouver un an après. J'avais envie de le tuer mais j'ai fermé ma gueule pour avoir de la coke, je me suis simplement délesté de son bras passé autour de mon épaule, ça c'était vraiment trop.

La coke était dégueulasse, hard et flippante. Ou bien la soirée. J'ai quand même eu des sursauts d'énergie. Dansé un peu. De temps en temps Quentin me regardait d'un air à la fois stone et enamouré. Puis Nico venait se faire rassurer. Mais oui on va baiser et puis dormir ensemble, disait Quentin, va nous couper une demi-exta la première n'a pas fait beaucoup d'effet. Nico est revenu dire qu'il n'y arrivait pas, qu'il ne savait pas comment faire, qu'il y avait trop de monde dans la cuisine. Quentin l'a engueulé. J'étais écœuré. Tu ne vois pas qu'il a envie que tu t'occupes de lui? Il n'a rien répondu. Il n'a pas bougé.

J'ai encore dansé, sans conviction. Discuté avec quelques stars du ghetto que je n'aimais pas et qui me le rendaient bien. Vers deux heures est arrivé un type terriblement beau, d'une beauté vraiment monstrueuse, très jeune, qui s'est engouffré aux chiottes juste devant moi. Quand il est ressorti je n'ai pas résisté, il fallait que je lui parle, je lui ai dit C'est toi David? Il a dit Non, moi c'est Ivan. Ah, j'ai dit, alors tu n'es pas le dealer que tout le monde attend. Il a dit Non, ce n'est pas moi, il doit passer David, je l'ai vu tout à l'heure à une autre soirée. J'ai pensé Il est vraiment parfait. Il a dit Je n'ai pas beaucoup d'énergie ce soir. J'ai dit Va te coucher ou bien prends de la drogue. Il a dit J'ai déjà pris de la coke mais j'ai pas la pêche. Je lui ai demandé son âge pour savoir quel âge il fallait avoir pour avoir cette peau. Vingt et un, il a dit. C'est lui, m'a dit Quentin plus tard, qui est sponsorisé par un couturier vachement connu. Ils sont toute une bande de petites merveilles comme lui, ils vont à la gym tous les jours, uv tous les jours, drogue tous les jours. Ils ne font rien, ils ont des sponsors. Tous entre dix-huit et vingt-deux ans.

Au bout de deux heures je me sentais liquéfié. J'étais assis à côté de lui, à lire un truc débile qu'il avait écrit et qu'il voulait me montrer, le gentil petit mec qui passait les disques depuis le début s'est penché sur moi, il m'a dit Tu as l'air triste. J'ai levé la tête, j'ai pensé qu'il me draguait, en fait ça m'a énervé parce que je ne l'avais même pas regardé avant et que maintenant je trouvais qu'il n'était pas mal, et je me disais que je pensais ça uniquement parce qu'il me draguait, et j'ai dit J'ai bien le droit non. C'était con. Nico tournait autour de nous mort de jalousie. Tout à l'heure pour la première fois depuis un an il m'avait proposé la botte, évidemment il sentait que Quentin était à nouveau après moi, ça le faisait péter de trouille. C'est vrai que j'avais toujours eu envie de ses vingt-trois centimètres mais là ça venait un peu tard.

Au bout de trois heures quand je me suis regardé dans une glace je me suis trouvé éteint, gris, mort. J'ai demandé à Quentin Mais comment tu fais pour supporter ça? Il m'a dit C'est dur. J'ai pensé Il dit n'importe quoi. J'ai pris mon manteau et je suis parti. J'ai marché jusqu'aux quais, place Stalingrad, il n'y avait pour ainsi dire personne, j'ai traîné quand même, discuté avec un mec sapé en treillis de CRS. Je me suis couché à six heures. Le lendemain je me suis réveillé avec de la fièvre.

Quentin m'a appelé deux jours après. Il voulait que je lui rende un service, il fallait qu'il vienne chez moi pour m'expliquer. Je l'ai reçu en robe de chambre. Il m'a tendu un petit paquet bleu. Cadeau. J'ai dit Merci et j'ai mis le truc de côté sans l'ouvrir. Il a allumé une cigarette sans me demander la permission. Je lui ai fait remarquer que peut-être ça pouvait me gêner. Il a eu l'air surpris. J'ai commencé à l'insulter, pour Nico, pour moi, pour son perpétuel manque de clarté, ses mauvais traitements. J'ai fourré dans la poche de son bomber le paquet qu'il m'avait apporté. Je l'ai foutu dehors. Il m'a rappelé le lendemain pour me dire qu'il avait eu mal mais que c'était sans doute délicieux d'être torturé par celui qu'on aime. Je n'arrivais pas à le croire un quart de seconde. J'ai pensé Cette fois c'est fini.

14. Morsures

Quelques jours après j'allais mieux. Je suis retourné au Quetzal. J'ai retrouvé des copains. On s'est donné de nos nouvelles. Dennis a fini par me dire qu'il était inquiet parce qu'il attendait les résultats de son test et qu'il avait fait des conneries. J'ai dit Quoi comme conneries? Il a dit Ben l'année dernière j'étais avec un mec pendant plusieurs mois et on baisait sans capote. J'ai dit Ah. Il a dit Et là je viens d'apprendre qu'il est malade. J'ai dit En effet ça craint. Il a dit qu'en plus il était toujours au chômage, il n'avait pas eu le boulot qu'il espérait. Pour changer d'atmosphère je lui ai demandé qui il avait fait comme bon coup dans les mecs qui étaient là, bien que je n'aie pas trop confiance en lui pour ce genre de choses, à mon avis nos critères n'étaient pas les mêmes, mais ça faisait quatre ans que je n'avais plus baisé avec Dennis, il pouvait avoir fait des progrès.

Il a désigné un petit mec de notre âge, peut-être un peu plus jeune, crâne rasé, t-shirt blanc moulant, très bien foutu, très star, qui parlait avec des copines aussi plutôt stars à trois mètres de nous. Il a dit Il y a lui, tu t'entendrais bien avec lui je suis sûr. J'ai dit Pourquoi? Il a dit Il baise très bien. J'ai demandé Il est actif-passif? Bien monté? Branché sm ou baise classique? Dennis a répondu Oui à tout, mais plus passif qu'actif. J'ai re-regardé. J'ai pensé Bon pourquoi pas. Comme par hasard le mec a enlevé son t-shirt juste à ce moment-là. J'ai trouvé ça lourd. Il était évidemment hyper bien foutu. Entièrement rasé. Tétons développés. Pas un poil de ventre. J'ai dit Mais dans la baise il est comment? Plutôt cérébral ou plutôt physique? Dennis a dit Plutôt cérébral. La dernière fois que je l'ai baisé il m'a dit Attends, il est allé chercher un miroir et il l'a mis sous lui pour voir ma bite dans son cul. Dennis avait l'air de trouver ça très excitant. Moi ça m'a refroidi. Je ne le trouvais pas assez beau pour que ça me soit égal qu'il m'utilise. J'ai demandé C'était avec ou sans capote? Sans, a dit Dennis. J'ai décidé de ne pas le faire. Ça devenait trop tentant.

Je suis allé nous chercher des bières fraîches au bar. Je suis tombé sur d'autres copains. Marcelo m'a annoncé qu'il s'était fait percer son deuxième sein. Il a dit Et toi alors quand est-ce que tu t'y mets? J'ai dit Moi non, les seins ça ne me branche pas, j'ai pas envie de perdre ma sensibilité. Marcelo m'a demandé si j'avais toujours son numéro de téléphone. J'ai dit Oui. Il a dit Alors appelle-moi un de ces jours, je me souviens encore de ce qu'on a fait ensemble en Italie. J'ai dit Oui moi aussi, et c'était vrai. Mais je ne voulais pas le rappeler. Je me suis retrouvé seul au milieu du bar avec une bière à la main. J'ai regardé autour de moi mon rêve détruit.

Finalement j'ai branché une nouveauté. Ma taille, brun, cheveux courts, très bonne gueule, très bien foutu, jean noir, t-shirt noir. Encore une star, mais bon, il me faisait envie. Je l'ai regardé. Il m'a regardé d'un air suffisamment intéressé. J'ai souri. Il a souri avec des dents pas terribles, un peu écartées et pointues. Ça le rendait plus sexy j'ai trouvé. On a causé. J'ai posé rapidement les deux ou trois questions essentielles. Oui, il était actif-passif. Non, pas branché sm trop hard. J'ai dit Ok on y va. Il n'avait pas de voiture, visiblement c'était un fauché. On a pris un taxi. Dans le taxi on s'est un peu touchés. Ça allait. Et puis arrivés chez moi il s'est mis à me toucher le cul dans l'escalier, assez macho, je l'ai laissé faire, il m'a mis son poing entre les fesses pour me faire monter les marches, ça me rappelait Quentin en un peu plus approximatif, un peu trop hard. Ça me faisait triquer en fait, pour une fois qu'un mec mignon de mon âge allait me prendre en main et pas l'inverse.

Dans le couloir de l'entrée il s'est mis à me mordre la nuque. Ça, je n'aime pas du tout. Je me suis dégagé immédiatement pour que les choses soient claires. On est entrés. J'ai servi deux whiskys, j'ai roulé un pétard, on a commencé à fumer. Puis on s'est déshabillés, à poil il était vraiment canon, on s'est embrassés, enlacés, j'étais bien excité. Il a recommencé à me mordre. Je me suis raidi. Il a arrêté. On a recommencé à se toucher. Il m'a remordu. Je me suis dégagé. Je l'ai regardé. Mais qu'est-ce que tu crois que ça peut me faire que tu me mordes comme ça?, j'ai dit. Tu penses que ça me fait plaisir? J'arrête pas de te montrer le contraire. Alors ça veut dire quoi ça, qu'est-ce que tu cherches? Il a dit J'avais envie de le faire c'est tout. Il est revenu sur moi pour qu'on se remette à se palucher. J'ai dit Je pense qu'on va s'arrêter là. Je suis resté assis à la tête du lit. Il s'est levé, il a remis son slip noir, ses chaussettes noires, ses jeans noirs, son t-shirt noir, ses baskets noires, en silence. Je l'ai raccompagné à la porte, toujours sans un mot.

J'ai refermé. Je suis resté là sans bouger. Je me suis dit Qu'est-ce qui m'arrive? Comment est-ce qu'une chose pareille peut m'arriver? J'ai vu par la fenêtre le mec traverser la cour. J'ai pensé Ce mec en noir c'était un signe. Si je reste ici je vais mourir. Je vais finir par mettre du sperme dans le cul de tout le monde et par me faire faire pareil. La vérité, c'est qu'il n'y a plus que ça que j'ai envie de faire. D'ailleurs c'est déjà bien parti. Évidemment je ne pourrai en parler à personne. Je ne pourrai plus rencontrer personne. J'attendrai d'être malade. Ça ne durera sûrement pas longtemps. Alors je me dégoûterai tellement que ce sera enfin le moment de me tuer. Je me suis dit que je n'avais plus qu'à partir.

15. Exit

J'ai eu de la chance. On m'a proposé un travail très loin, à l'étranger. J'ai pensé J'ai un chagrin d'amour, je pars au bout du monde, c'est ce qu'il faut faire dans un cas pareil. J'ai accepté. J'ai passé encore un mois à régler mes affaires, à voir des gens, mes amis, ma grand-mère. Je voulais laisser les choses en ordre.

J'ai appelé Terrier au téléphone. Je ne lui avais pas donné de nouvelles depuis longtemps. Il m'a dit qu'il ne faisait rien. Qu'il était toujours au chômage. Qu'il restait chez lui tout le temps, sauf des fois le week-end pour aller voir sa mère. Qu'il ne sortait plus. Qu'il en avait marre d'attendre le prince charmant. Je n'ai pas proposé qu'on se voie, j'avais peur que ça soit trop triste. Il ne l'a pas proposé non plus. Il m'a souhaité bon voyage. Dit qu'il viendrait me voir. J'ai dit qu'il n'y avait pas de problème. Je me suis demandé si je lui paierais un jour le voyage. Peut-être.

Stéphane était mon dernier rendez-vous. Il m'avait dit qu'il préférait me voir juste avant mon départ, parce qu'il était trop occupé avant, mais j'avais pensé que c'était pour une raison plus profonde, qu'il pensait qu'il valait mieux que cet au revoir soit un adieu. Il devait passer me prendre pour aller déjeuner. C'était un samedi. Évidemment je n'avais pas pu me lever à temps pour être prêt, j'avais encore passé la nuit dehors. Je lui ai ouvert la porte en peignoir mal attaché. Je suis allé immédiatement me remettre au lit. Il s'est assis sur le bord. On a parlé. De lui, de moi, de son nouveau mec. Et puis comme on était émus on s'est pris dans les bras. Érection électrique. On s'est embrassés. C'était très fort. Je lui ai dit Déshabille-toi. On s'est retrouvés à poil sur le lit. J'étais hyper excité. Je me suis dit que j'allais lui laisser un bon souvenir. Je me suis penché sur sa bite et je l'ai sucé comme je ne l'avais jamais fait jusque-là. En l'aimant. Il a failli jouir. Je me suis relevé. J'ai dit Qui baise qui ? Il m'a dit J'ai envie de te baiser, je ne me souviens plus comment c'est. J'étais d'accord, je trouvais ça mieux que le contraire, dans le contexte. Ça a été absolument super. Après je l'ai invité à déjeuner dans une brasserie des Halles. On a bu comme des trous. On a ri. Il m'a raccompagné en voiture. Je l'ai regardé partir, sa jolie petite tête encadrée de profil dans la portière. Il m'a fait un signe de la main avant de redescendre la rue. La nuit était tombée. Je sais que j'aurais dû le quitter beaucoup plus tôt. Quand je me suis dit pour la première fois que je ne serais jamais amoureux de lui. Mais c'était tellement bon qu'il m'aime. C'était bon.

TABLE

Première partie

DEUXIÈME PARTIE

Achevé d'imprimer sur Roto-Page
en juillet 2022
par l'Imprimerie Floch à Mayenne

N° d'éditeur : 2625 – N° d'édition : 554694
N° d'imprimeur : 100804
Dépôt légal : janvier 2019

Imprimé en France